잘 나리꽃은 있나요

최연실 수필집

나리꽃은 잘 있나요

인 쇄 2025년 09월 20일
발 행 2025년 09월 25일

지은이 최연실
발행인 서정환
펴낸곳 수필과비평사
주 소 서울시 종로구 삼일대로 32길 36(익선동 30-6 운현신화타워) 305호
전 화 (02) 3675-3885, (063) 275-4000 · 0484
팩 스 (063) 274-3131
이메일 essay321@hanmail.net
출판등록 제300-2013-133호
인쇄 · 제본 신아출판사

저작권자 ⓒ 2025, 최연실
이 책의 저작권은 저자에게 있습니다.
서면에 의한 저자의 허락없이 내용의 일부를 인용하거나 발췌하는 것을 금합니다.
COPYRIGHT ⓒ 2025, by Choi Yeon-sil
All rights reserved including the rights of reproduction in whole or in part in any form.

ISBN 979-11-5933-590-7 (03810)
값 13,000원

Printed in KORE

잘 나리꽃은 있나요

최연실 수필집

수필과비평사

글을 엮으면서

창문을 열면, 한라산 너머로 햇살이 부드럽게 번져옵니다.
마당 한편에 심은 나리꽃 잎새 사이로 스미는 빛을 보며,
문득, 오늘도 글을 쓰고 싶어집니다.
나의 하루는 그렇게, 아주 작은 장면 하나에서 시작됩니다.
이 책에 실린 글들도 대부분 그렇게 만들어집니다.

오래전, 상도동 언덕의 작은 창가에 앉아 달그락거리는
숟가락 소리를 들으며,
그날그날 스치는 풍경과 마음의 그림자를 붙잡듯,
도시의 저녁노을, 골목의 흙냄새,
유월의 비를 맞으며, 피어난 나리꽃처럼
불현듯 내게 찾아온 안식년을 맞아 떠난
제주도의 삶에 그리움을 담았습니다.

살다 보면, 하루하루는 별것 아닌 듯 흘러가지만,
지나고 나면 그 안에 다 들어 있었습니다.

웃음과 눈물, 서운함과 화해,
그리고 다시 살아가야 하는 이유까지요.
저는 그것들을 잊고 싶지 않았습니다. 그래서
글로 붙들었습니다.
누군가에겐 사소할지 몰라도, 저에겐
놓치면 안 되는 순간들이었으니까요.

이 빠른 세상에서 우리는 자꾸 서두릅니다. 하지만
저는 이 책이 잠시 걸음을 늦추는 그늘이 되기를 바랍니다.

끝으로 이 책을 세상에 내놓기까지,
제 곁에서 묵묵히 읽어주고
힘이 되어 준 가족과 모든 분께 깊은 감사의 마음을 전합
니다.

2025년 가을에

최연실

차 례

글을 엮으면서 • 5

01

글방에서 듣는 소리	12
나란 여자, 너란 남자.	16
나리꽃은 잘 있나요	21
'마틸다'에서의 짜릿한 순간	27
무소의 뿔처럼	33
애월涯月의 공벌레	38
애월수작涯月酬酌	44
언덕 위에 집	49
이소離巢	54
혼술하는 여자	58

02

공상가와 몽상가	64
그녀에게 나는	70
꽈리와 양파	74
너머 세상	79
밤을 마주하다	82
부부 안식년	86
빗나간 예언	91
쓰는 일	96
이방인	100
탈탈탈	104

03

거짓말, 거짓말	108
꽃 노래	113
나는 왕이로소이다	117
수제비를 끓이며	123
씨감자	128
어머니와 고사리	134
와불	139
장기 한판	145
평상에서	151
현악 5중주	157

04

나무늘보	164
당근 마켓	168
백설	171
부재不在	175
십 년 후에 우리는	180
양파 이야기	188
얼굴 속의 비밀	192
원맨독One Man Dog	195
진정한 소유	200
폭설	205

| 서평 | 자기 회복을 위한 외로움과의 공존 /
　　　　엄현옥(수필가, 문학평론가) • 212

01

글방에서 듣는 소리

나란 여자, 너란 남자

나리꽃은 잘 있나요

'마틸다'에서의 짜릿한 순간

무소의 뿔처럼

애월涯月의 공벌레

애월수작涯月酬酌

언덕 위에 집

이소離巢

혼술하는 여자

글방에서 듣는 소리

 이른 주말 아침, 창밖을 보니 한라산을 붙잡고 있던 안개가 스르륵 걷히고 있습니다. 어디선가 까투리를 찾는 장끼 소리에 눈을 떴습니다. 밤새 세차게 불던 바람도 누그러져 연두 이파리와 장난 중입니다. 보랏빛 가지꽃이 오므렸던 꽃잎을 반듯하게 세우느라 애를 씁니다.
 "토도독, 톡." 호박잎에 떨어지는 빗방울 소리가 경쾌합니다. "투 투두둑" 며칠 전 북을 준 텃밭 위를 빗줄기가 장난스레 지나갑니다. 맨 뒷줄에서 하얀 고추꽃이 바람에 살랑이며 스텝을 준비합니다. 주방 쪽에서도 "드르륵드르륵" 원두가 리듬을 맞춥니다. 아마도 남편이 모닝커피를 준비하나 봅니다. 이 모든 게 나의 아침을 풍요롭게 합니다.

 서울 집에는 나무들이 봄소식을 전하려고 순서를 기다리고 있었습니다. 대문 옆에 터를 잡은 목련이 밤새 봄비를 맞아 흠뻑 젖어있네요. 꽃잎은 하나둘 벙글더니 선두에서 하얀 웃음을 날렸습니다. 이에 질세라 맞은편 복사꽃의 수다가 요란합니다. 그 옆에 도도한 장미가 붉은 치마를 펄럭이는 소리도 간간이 들렸습니다.

 온갖 꽃들의 생동감이 무색할 정도로 우리 집에는 어둡고, 슬픈 소리가 정원 안팎으로 스며들었습니다. 언제부터인지 굵은 첼로의 애절한 저음이 안방에서 건넌방으로 옮겨갔습니다. 그 소리도 점차 잦아들 즈음, 자유로워지고 싶은 불경한 마음이 내 안에 꿈틀거렸습니다.

 항암 치료를 받고 오신 어머님은 고통을 이기려 안방을 빙글빙글 돌면서 반야심경을 읊조렸습니다. 그러나 며느리인 내 입술에서는 본능적으로 사도신경이 흘러나왔습니다. 이별의 시간을 목전에 둔 남편 앞에서 나는 겉으로만 안타까워했습니다. 속으로는 차라리 고통을 멈추는 게 인간적이라고 생각했습니다. 그날 이후로 우리 부부는 한동안 소원해졌습니다.

나뭇가지를 흔드는 바람에 "톡" 하며 뭔가 떨어지는 소리가 들립니다. 며칠 전에 핀 가지꽃이 흔들리나 봅니다. 바람에 몸을 맡긴 게 아니라 할 일을 마치고 자리를 내주는 것 같습니다. 자식밖에 모른 데다 성정이 소박했던 어머님은 아들 옆에 다만 조금이라도 더 머무르길 소원했습니다. 돌아가시기 며칠 전, 당신은 내 머리를 쓰다듬으며 강퍅한 마음을 온기로 채워주었습니다. "아가 고생 많았지." 나는 어머님의 무릎에 얼굴을 묻었습니다. 용서를 구하고 싶었습니다. 그날 이후 내 가슴속에서는 가끔 통곡 소리가 들려옵니다.

제주도의 작은 글방 안에는 커피 향이 은은합니다. 며칠 전에 '빛의 벙커'에서 사 온 머그잔에 커피를 담았습니다. 남편이 '편안해'라고 쓴 눈빛을 보냅니다. '고맙고 미안해요.'라고 미소로 답합니다. 머그잔 속에 자아가 어른거립니다. "나는 어떤 사람일까?" 속으로 되뇌어봅니다. 육지에서 생활하던 때와 달라진 게 있다면 일상의 소리에 민감해지고, 관심이 생겼다는 것입니다.

어느새 비가 멈췄습니다. 안개가 걷히는지 밖이 소란스럽습니다. 호박꽃이 물기를 털어내는지 꽃잎을 나풀

거립니다. 어디선가 날아온 벌이 꽃을 탐색 중입니다. 벌은 꽃의 수정을 도우려고 급히 왔나 봅니다. 나도 서두릅니다. 안에서 수런대는 소리를 잡으려고 책상에 앉았습니다. 눈을 가만 감아봅니다. 언제나 나를 일깨워주던 건 소리였습니다. 겹겹이 포개어있던 꽃잎이 벌어지는 날까지 마음의 소리를 글에 담아보려 합니다.

나란 여자, 너란 남자.

- 나란 여자

"어이구, 내 팔자야, 남편 복 없는 년은 자식 복도 없지." 돌아가신 어머님께서 자주 하던 말이다. 그리곤 내게 시집 잘 온 줄 알라는 말을 덧붙이며 일침을 놓곤 했다.

남자가 여자의 귀에 대고 속삭였다. 여자는 잠결에 몸을 비스듬히 일으켰다. 새벽에 귓속말하는 이 남자, 왜 이러지? 여자는 순간 몸이 짜릿해짐을 느꼈다.
"당신 뭐라고 했어요?"

"못 들었으면 주무세요."

갑자기 휙 돌아서 방문 쪽으로 가던 남자가 다시 여자 옆으로 왔다. 남자는 살며시 여자의 입가에 얼굴을 갖다 댔다. 심장이 두근거렸다. 여자는 기다리던 날이 왔다고 생각했다. 가슴을 달콤함으로 채우며 다음 말을 기다렸다. 그때 남자의 건조한 음성이 환상을 깨버렸다.

"당신 지저분한 것도 어느 정도지, 집이 돼지우리도 아니고 말이야, 나 원 참."

말 폭탄을 던져놓고 미안한 건지, 후환이 두려운지 남자는 베개로 여자의 입을 막았다. 여자는 식전 댓바람에 물세례를 받은 것처럼 황당한 기분이었다.

섭섭함이 치고 올라왔지만, 딱히 틀린 말은 아니기에 입을 다물었다. 본디 나란 여자는 정리정돈에 서툴다. 그러기에 어머님과 남편이 곧잘 집을 치웠다. 하지만 청소 대부분을 담당하던 어머님이 돌아가셨으니 이젠 내 몫이다. 서울에서는 그럭저럭 딸들과 함께 치웠는데 그마저도 제주에 내려온 후론 졸업해 버렸다.

몇 년간 안식년이다. 혼자 이곳에서 지내다 보니 간섭할 사람이 없다. 항상 누웠던 자리에, 화장실에, 소파에 보던 책이 있다. 옷은 방향제를 뿌려 여러 번 입고, 빨랫

감은 물을 아끼는 애국자라며 변명한다. 나란 여자는 뒤죽박죽인 상태에서도 필요한 물건을 잘도 찾는다. 되레 정돈된 곳에선 방향 감각을 잃어버릴 때가 더러 있다.

여자는 어릴 적부터 너무 쓸고 닦으면 복이 나간다고 배웠다. 오히려 하루에 몇 번씩 걸레질하는 어머님을 이상하게 생각했다. 잠자리에 들기 전까지도 닦고, 또 닦는 어머님을 졸졸 따라다니며 말했다.

"어머니, 너무 쓸고 닦으면 복 나간대요."
"너처럼 살았다간 오던 복도 지저분해서 도망가겠다."

하지만 나에겐 이미 복이 터졌다. 외출했다가 들어오니 남자가 말끔히 치워 놓았다.

- 너란 남자

남자는 아내 아닌 다른 여자들한테만 친절하다. 남의 여자가 하는 말에 토를 달지 않는다. 반박 의사를 드러내면 위신 깎인다고 생각한다. 살면서 남자는 단 한 번도 약속에 늦은 적이 없다. 웬만해선 본심을 드러내지 않기에 가끔은 속내가 궁금하다. 남자들은 나이가 들면

호르몬에 이상 신호가 온다던데 이 남자는 예외다. 그러기에 우는 일도 드물고, 나이가 들수록 쌀쌀하다. 앵도라진 남자의 등에 적잖은 찬바람이 인다. 여자의 마음이 종종 시린 이유다.

어느 해 여름날, 여자가 욕실에서 나오다가 미끄러졌다. 그걸 보고 남자가 말했다.

"마루에 금 안 갔어?"

별일 아니라고 생각했는지 놀란 척하는 남자의 입가에 실소가 일었다. 하지만 여자는 크게 다쳤고 119 들것에 실려 갔다. 남자가 말했다.

"여보, 걱정하지 말아요. 다행이야 다리만 다친 게, 말은 할 수 있잖아."

그 말은 여자의 가슴에 비수로 꽂혔다. 의사 전달은 할 수 있고, 팔은 멀쩡하니 괜찮다는 건가. 거친 말이 목구멍까지 올라온 걸 간신히 참고 여자는 최대한 품위를 지키며 말했다.

"그럼, 죽을병도 아닌데, 당신 조찬 모임 있다고 했지?"

씩씩하게 말하고 막상 들것에 눕자, 눈가가 촉촉해졌다. 병원에서는 곧바로 수술받아야 한다며 보호자를 찾았다. 여자는 독기 품은 눈으로 의사한테 또박또박, 분명하게 말했다.

"조금 전에 이혼해서 보호자가 없어요."

수술을 마치고 여자는 병실로 옮겨졌다.

"환자분! 눈 좀 떠보세요."

여자는 마취가 덜 깬 상태인 자신을 흔드는 아줌마를 보며 누구냐고 물었다. 그녀는 이 집 아저씨가 보낸 간병인이라고 했다. 남자는 저녁 느지막이 지원군(딸들)을 거느리고 등장했다. 남자는 호두과자를 여자의 입에 넣으면서 말했다.

"한참을 기다리다 사 왔어!"

여자는 또 한 번 남자에게 발등을 내주고 말았다.

나리꽃은 잘 있나요

 이른 아침, 한라산 봉우리와 애월 바다는 안개에 묻혔습니다.
 제주 중산간의 바람 부는 언저리에 둥지를 튼 지도 일 년이나 됐네요. 어젠 바람을 벗 삼아 지인과 함께 동네 한 바퀴를 굽이굽이 다녔습니다. 집으로 오는 길에 지인이 내게 꽃을 건네며 나리꽃을 닮은 여자라고 하더군요. 그 말에 붉게 꽃물 든 얼굴을 하고 냅다 달려와 한 평 남짓한 텃밭에 나리꽃을 심었습니다.
 물끄러미 텃밭 한구석을 차지하고 있는 나리꽃을 보고 있노라니, 《매디슨 카운티의 다리》라는 영화가 생각났습니다. 큰아이가 초등학교에 입학할 때쯤이었지요.

도둑고양이처럼 마음을 졸이면서 보았던 기억이 마치 하늘에 뭉게구름처럼 떠올랐습니다.

초침 소리도 들릴 것 같은 작은 도시, 매디슨 카운티에 달리던 초록색 트럭 한 대가 가던 길을 멈췄습니다. 차에서 내린 로버트는 혼자만의 시간을 즐기고 있는 프란체스카에게 다가가 로즈먼다리가 있는 곳을 물었습니다. 프란체스카는 다리가 있는 곳을 알려주려고 로버트와 동행하고, 로버트는 꽃을 꺾어 고마운 마음에 답례합니다. 꽃을 받은 프란체스카가 독초라며 장난 섞인 농을 하게 되면서 꽃은 운명적 만남의 촉매제가 됐지요. 하지만 끝내 이루지 못한 중년의 사랑 이야기입니다.

제주도에 내려오기 전, 이 영화를 뮤지컬로 다시 만났지요. 그땐 남편과 함께였어요. 남편은 마치 가기 싫은 식사 자리에 초대받은 사람처럼 보는 내내 불편한 심기를 드러내더군요. 그땐 나도 영화 속 한 장면처럼 집으로 오는 차 안에서 차의 손잡이를 잡고 실랑이를 했답니다.

꽃을 건넨 지인이 물 한 모금 머금고 하늘을 향해 웃고 있는 나리꽃을 '날개하늘나리'라고 하더군요. 하늘을 보며 웃는 게 아닌, 나를 보고 웃고 있는 것 같았어요. 바람에 흔들릴 때마다 그 몸짓이 주근깨 말괄량이 소녀가 조잘대는 것처럼 보입니다. 키다리 아저씨처럼 수술은 점잖은 양 말이 없습니다. 애월 바다에서 불어오는 훈풍에 수술은 암술 주위를 뱅그르르 돌 뿐입니다. 가느다란 수술이 바람에 휘청거릴 때마다 '귀여운 아가씨 나하고 춤 한번 추실까요?'라며 소곤거리는 것 같습니다. 그 말을 듣고도 흔들리지 않고 도도한 자태로 버티고 있는 것을 보면 암술의 자존심이 철옹성 같습니다. 먼발치에서 보면 마치 겹겹이 에워싼 초록 잎에 붉은 태양이 하나 떠 있는 듯했습니다.

찬찬히 보고 있노라니 나도 이런 때가 있었습니다. 나리꽃처럼 누구에게나 잘 웃어주는 여자였답니다. 남편은 그런 내 웃는 모습에 반해서 나와 결혼했다고 했습니다. 그이는 그 말을 기억하고 있을까요?

언제쯤, 한라산의 안개가 걷히고 봉긋한 봉우리가 모습을 드러낼까요. 얼마나 많은 시간이 흘러야 하는 건가요. 나는 안갯속에서 길을 잃고 헤매고 있는데 말이죠. 결혼이 무엇인지 알았더라면 누군가의 아내나 누군가의 엄마 같은 건, 내겐 버거운 짐이라 그 길을 택하지 않았을지도 모를 일이지요. 어쩌면 평생 카사노바처럼 연애만 하며 살고 있었을지도 모르는 일이랍니다. 날아가는 풍선처럼 들뜬 마음을 다독여 가며 토닥이고 있는데 핸드폰에서 카톡 소리가 났습니다.

"최 선생, 나리꽃은 잘 있나요?"

"넵."

하고 짧게 대답하곤 나도 모르게 빗장을 걸었습니다. 나리꽃을 닮았다면서 소곤대는 그 목소리가 귀에 울리는 것 같았습니다. 혹여 텃밭에 심은 나리꽃의 생사를 묻는 것은 아니겠지요? 복잡한 마음에 마침표를 찍고 싶었습니다. 영화 속의 프란체스카처럼 사랑에 빠진 것도 아니고, 요즘 젊은이들처럼 썸을 탄 것도 아닌데 심장박동 소리가 여느 때와 다르네요. 하지만 책장에 놓여 있는 가족사진과 바꾸지 못한다는 것을 알기에 말입니다. 그래도 두근거릴 줄 아는 내가 좋았습니다.

육지에 있는 남편에게 전화를 걸었습니다.

"여보, 당신은 내가 뭘 좋아하는지, 무얼 잘 먹는지 알고 있어요?"

식전 댓바람부터 뜬금없는 질문에 전화기는 먹통이 된 듯했습니다. 한동안 침묵만 흐르다 영혼이 박제되어

버린 듯한 남편의 소리가 들렸습니다.

"당신은 뭐든지 다 잘 먹고, 현금을 제일 좋아하잖아."

어이가 없었습니다. '너란 여자는 잡식성이고, 속물이잖아'라고 말하는 것 같았어요. 더는 듣고 싶지 않았기에 전화를 끊었습니다. 나는 남편에 관한 거라면 머리부터 발끝까지 모르는 게 없는데 저리도 무심한 건가요. 서운한 마음에 다시 핸드폰을 들었습니다.

"여보! 나는 보신탕도, 닭똥집도 못 먹어요, 당신은 내가 나리꽃을 좋아하는 것도 모르잖아!"

가시 돋친 말을 퍼붓곤 버튼을 꾹 눌렀습니다.

부엌 창으로 텃밭에 심은 나리꽃이 흔들리고 있더군요. 바람이 거세진 탓일까요? 무심한 남편 때문일까요? 한 시간이나 지났을까요. 남편에게서 문자가 왔습니다.

"나리꽃 당신! 당신이 뭘 좋아하는지도 잘 모른다오. 내가 기억하는 것은 6·2 사태뿐이오. 곧 보러 가리다."

속상할 때마다 결혼기념일을 6·2 사태라고 한 말을 남편이 기억하고 있더군요.

아무개의 아내, 누구의 엄마로 삼십 년을 살아 내다보니, 내가 누군지도 잊고 살고 있는 게 아닌가 하는 생각이 들곤 합니다. 가끔은 어디로 가야 하는지 서성거릴 때도 있지만, 운무에 감춰졌던 한라산의 봉우리와 애월 바다에 안개가 걷히고 나면 거기 그 자리에서 변함없는 모습으로 있는 것처럼, 나도 그렇게 살아갈 테지요.

    하늘나리의 꽃말이 '변치 않는 귀여움'이라고 하지요? 나리꽃은 잘 있답니다.

'마틸다'에서의 짜릿한 순간

 제주는 어느 유명한 가수의 게스트하우스가 방송을 타기 전까지만 해도 조용한 섬이었다. 하지만 뭍에 있는 젊은 사람들이 하나, 둘 제주로 거처를 옮기면서 시끌벅적해졌다. 서울의 강남 거리처럼 이색적인 풍경이 생겨났다. 한 집 걸러서 카페가 들어서고, 여기저기 맛집이 늘어났다.

 제주공항에서 서쪽 해안도로를 따라 이십 분쯤 달리면 남방 고래가 출몰했다는 바다가 보인다. 제주를 동, 서, 남, 북으로 나누면 제일 번화한 곳이 해안도로를 접한 애월 바닷가이다. 그곳에 내가 자주 찾는 '마틸다'라는 LP 카페가 있다. 간단한 페퍼민트 칵테일이나 시원한

맥주 한 잔 마시기에 더없이 좋은 곳이다.

나는 LP판으로 음악 듣는 걸 즐긴다. 몇 해 전, 숙소를 애월이 아닌, 성산 쪽에 마련한 적이 있었다. 그런데로 숙소와 상관없이 '마틸다' 근처 호텔에서 하루를 묵었다. 두 군데 숙소를 정한 건, 카페에 집착해서가 아니었다. 빠르게 변하는 세상에 대한 반감 같은 게 작용한 탓이었다.

속도가 빠른 시대에 사는 나도 가끔은 아날로그를 선호할 때가 종종 있다. 신속하고 깔끔한 디지털 방식이 편할지라도 추억에 대한 아쉬움과 그리움 때문이다. 레코드판으로 음악을 듣고 있으면 따뜻한 감성이 흘러나와 과거의 시점으로 날 데려간다.

여고 시절, 야간자율학습시간을 우리는 무던히 기다렸다. 친구들과 학교 근처 음식점을 가기 위해서였다. 그 시절 분식점에서도 음악을 틀어주었는데 대부분 DJ이가 상주했다. DJ 오빠는 긴 머리를 뒤로 쓸어 넘기며 여학생들의 가슴에 불을 지폈다. 그리고 유창한 영어를 섞어 목소리를 낮게 깔 때 누구나 할 것 없이 가슴이 콩닥거렸다. 핸섬한 얼굴, 세련된 미소와 윙크는 기본이었다. "3번 테이블에서 신청한 곡 나갑니다."라는 멘트에 여학생들은 자지러졌다. 앉은 자리에서 벌떡 일어나 손뼉을 치는 여학생도 있었고, 오빠에게 윙크를 날리며 방방 뛰기도 했다. 그때 우리는 모두 음악보다 DJ에게 관심이 많았다. 옷 색깔이며 머리 모양, 손짓, 발짓은 여학생들의 주된 관심사였다.

DJ가 무슨 옷을 입었는지 살피고, 누구 이름을 제일 먼저 부르는지 귀를 기울였다. 어느 테이블에 윙크를 보낼지 조바심치며 바짝 신경을 곤두세웠다. 음식 맛이나 음악 종류에는 별 관심이 없었고 친구들과 함께한 순간이 중요했다.

'마틸다' 카페 문의 손잡이는 LP판으로 되어 있다. 보기 드문 디자인이 주인의 감성을 느끼게 한다. 마치 문고리가 "손님, 과거로 오신 걸 환영합니다."라고 말하는 것 같다. 나는 반가움에 악수를 청하듯 문고리를 덥석 잡아 밀친다.

미끄러지듯 문이 열리자, 수만 장의 LP판이 반긴다. 정면 널찍한 창으로는 애월의 바다가 출렁거린다. 바텐더 옆에 자그마한 공간에서 한 사람이 눈인사를 건넨다. 안경을 쓴 마른 체격의 중년 남자다. 엉거주춤한 자세의 그가 카페의 DJ이자 주인이다. 홀로 온 이들을 70~80년대 아날로그 세상으로 안내하는 사람이기도 하다.

마당의 동백꽃 잎이 어지러이 흩날리는 초겨울 밤이었다. 애월 절벽에 걸린 달은 바다와 담소 중이었다. 밤바람이 제법 싸늘했다. 남편과 나는 저녁 식사 때 마신 반주로 취기가 올라온 상태였다. 남편 성화에 못 이기는 척 '마틸다' 카페로 들어섰다. 우리는 바다가 보이는 자리를 찾아 앉았다. 갈치 배의 불빛이 물결에 잔영을 그리며 흔들렸다. 메뉴판을 들고 온 여직원의 양 볼이 복사꽃처럼 발그레했다. 분위기에 취해 모히또 두 잔을 주문했다. 직원은 메모지와 검정 볼펜을 주며 말했다.

"듣고 싶은 곡 신청하시면 음악 들려드려요."

나는 쪽지에 노래 제목을 적었다. '내 마음엔 언제나 당신이 있다'라는 '윌리 넬슨'의 〈Always on my mind〉이다. 십 분쯤 지났을까. 음악 속으로 깊이 빠져들었다. 내 앞에는 머나먼 태평양의 작은 섬, 몰디브가 펼쳐졌다. 감성이 충만해지자 매일 보는 남자의 눈빛이 평소와 다르게 따뜻하다는 생각이 들었다.

한동안 앨범 속에 빛바랜 사진처럼 변해버린 남편이

날 아프게 할 때도 있었다. 사랑보다 미운 감정으로 치닫기도 했다. 그럴 때면 사랑이 어떻게 변하느냐고, 그에게 따졌다. 세월이 흘러도 첫 마음이 유지될 거로 믿었다. 믿음은 삶을 지탱하게 한 힘이었다. 여전히 사랑스럽고, 귀여운 여인으로 그에게 머물길 바랐다. 나만의 감성에 젖어 있는데 남편의 목소리가 현실을 일깨웠다.

"여보, 나도 한 곡 신청하고 싶은데, 당신이 받아 적어봐, 그거 뭐였더라, 그 곡 있잖아, 우리 학교 다닐 때 유행했던 디스코 음악."

"……"

"그래 맞았어. 펑키 타운."

남편은 채신없이 양손의 검지를 사방으로 찌르는 시늉을 했다.

"분위기 있는 곡 좀 선정하지 그래. 지금 분위기에 그 곡이 어울린다고 생각해요?"

주위 사람들의 시선이 남편에게 머물자, 엉겁결에 반말이 튀어나왔다. 하지만 남편의 고집을 꺾을 수 없다는 걸 알기에 항복했다. 잠시 뒤 원색적인 펑키스타일 리듬이 실내를 흔들었다. 갑자기 여기저기서 중년 남자들이 웅성거렸다. 그리곤 전쟁에서 승리하고 온 개선장군처럼 으스대며 젊은 날을 재현했다.

"당신 봤지? 내 아직도 살아있네."

창피하다고, 주책 떨지 말라고 했지만, 나도 어깨가 들썩이는 걸 숨길 수 없었다. 그날, 우리는 음악을 통해 과거와 현재를 오갔다.

혼자서 듣는 음악은 여전히 내게 한때의 꿈과 빛나는 시절을 상기시킨다. 영원한 노스탤지어, 그 속에서 현실의 노곤함을 잠시 잊는다. 아날로그 삶을 이어가는 나만의 방식이다.

무소의 뿔처럼

 소설小雪이다. 공항으로 가는 길목엔 바람에 흩어진 낙엽들이 허공에 무늬를 그리며 배웅한다. 한 해가 저물고 있다는 데 가슴 한편이 철렁한다. 아직, 부치지 못한 편지가 산더미다.

 언니와 함께한 열흘간의 동거는 쉽지 않았다. 대학에 쓴 고배를 마셨을 때, 언니는 미국으로 이민을 택했다. 언니와 나는 생김새만 다를 뿐, 비슷한 성향이다. 언니가 자주 다녔던 종로서적과 학림다방을 나도 종종 기웃거렸다. 언니가 대학 시절, 사르트르와 시몬느 보부아르에 심취했을 때, 나는 전혜린을 사랑했다. 언니와 마주하면 나를 보는 것 같아 움찔한 적도 여러 번이다. 그러나 둘만이 있는 지금, 예견치 못한 이상 기류가 흐른다. 한국에서 산 세월보다 미국에서의 삶이 더 길건만, 여전히 성향은 보수적이다.

"왜, 하필, 제주도니? 이 먼 곳까지…."

연고도 없는 곳에 정착하고 싶다는 말에 어처구니없는 표정이다. 나는 화두를 다른 곳으로 돌리고 싶어 묵은 향을 간직한 원피스를 장롱에서 꺼낸다.

"언니, 이 옷 잘 어울릴 것 같은데… 어때?"

지난해 이맘때였다. 고즈넉한 성북동의 한옥 마당에는 대추가 익어가고 있었다. 소나기가 내린 뒤라 처마 밑에 걸린 풍경 소리는 맑고 청아했다. 자매는 대추차와 호박범벅을 주문하고 툇마루에 앉았다. 나는 '로댕'의 〈생각하는 사람〉처럼 한쪽 다리를 세우고 오른손으로 턱을 받친 자세였다. 언니는 '파티마 헤서'의 조각상처럼 양쪽 다리를 세우고, 그 사이에 어깨를 웅크린 채 깍지를 끼고 있었다. 소슬바람에 풀어 두었던 스카프를 다시 두를 때 주문한 음식이 나왔다. 세월을 가늠할 수 없는 육각 소반에 차와 범벅이 놓여 있었다. 빨간 대추는 오랜 시간

숙성했는지 검붉은 빛을 띠었다. 걸쭉한 맛이었다. 그때 언니는, 내가 같은 꿈을 꾼다는 것에 동의했고, 행복해했다. 자신이 아는 걸 나눠주지 못해 안달 나 있었다.

"제주에서 곧 올라올 거지?"

"그럼."

그 후, 일 년이란 시간이 흘렀고 나는 마음이 변해 정착을 결심했다. 언니는 그날의 약속을 곱씹으며 다그쳤다. 새로운 환경에서 시작한다는 건 다시 처음부터 밟아가는 기나긴 과정이라고 말했다. 나도 지지 않았다. 이젠 익숙해진 제주에서의 삶이, 사막에서 발견한 오아시스와 같다고 결연히 대답했다. 가끔 외로움이란 고질병 때문에 막막할 때도 있으나, 그건 생명을 가진 존재의 본능 같은 것이라 둘러댔다.

언니는 내가 선물한 원피스를 내동댕이치듯 벗었다. 언니의 속상한 마음을 외면한 채 나는 빛바랜 책꽂이에 손을 뻗었다. 그리고 오래전에 읽은 카뮈의 《이방인》을 꺼내 들었다. 언니는 조용히 책상 위에 놓인 시집을 뒤적였다. 침묵이 이어졌다.

지난날의 언니는 외로움도 삶의 일부로 받아들이라고

했다. 그랬던 사람은 어디에 있는 걸까. 누구보다도 나를 이해해 줄 것이라 믿었는데, 지금 언니의 행동은 자기 생각에 집중되어 있다. 어색한 분위기를 매듭짓고 싶었다.

"언니, 와인 할래?"

갈잎들이 속삭이는 가을밤, 처절하게 혼자가 되어 본 사람만이 당당하게 자신을 지켜낼 수 있다던 언니가 아니던가. 그리 말하며 부대끼며 살아가라고 하지 않았던가. 혹한 겨울로 향하는 늦가을의 바람이 녹록하지 않다. 나는 무소의 뿔처럼 우직하게 내 길을 가고 싶은데 그걸 이해 못 하는 피붙이라면 남과 다를 게 없다.

내 방식을 무작정 방황이라고 하니 어디서부터 잘못된 것일까. 그냥 물이 흐르듯 옆에서 기다려 주면 안 되는 걸까. 보통의 사람이 살아가는 삶의 방향에 맞춰 살기에는 모난 성격이 아니던가. 그런 내가 동생이었음을 알면 좋으련만. 언니는 밤새 뒤척거리더니 지우다 쓴 편지 한 장을 침대 머리맡에 놓고 미국으로 떠났다.

〈사랑하는 동생 보아라. 너와 내 삶의 방식이 다름을 안다. 하지만, 이 가을이 가기 전에 네 방황도 함께 묻길 부탁한다. 아프락사스에 날아간 새처럼 창조를 위한 힘겨운 움직임에 다시 너의 자신을 실어 보길 바란다.〉

 세 번의 가을을 보낸 시간이 속절없이 흘러간 건 아니다. 그걸 증명할 날이 있으리라 믿기에 나는 당당한 모습으로 올해도 한라산의 백설을 맞으련다.

애월涯月의 공벌레

 달빛에 담벼락의 모서리들이 각을 버리고 점차 둥글어진다. 가을바람에도 달빛이 스며들 즈음 혼자 살아보고 싶었다. '엄마'라는 명함, '아내'라는 신분증을 잠시 내려놓는다. 일 년에 몇 번 열지 않는 서랍에 깊이 넣고, 자물쇠를 채운다.

 제주에 내려와 홀로 맞는 여름, 초대한 적 없는 손님이 거실 문 앞에 줄을 섰다. 냉큼 문을 열어 준 건 아니다. 습한 곳이라면 무조건 밀고 들어오는 통에 막을 길이 없었다. 공벌레다. 오늘은 특별한 날이라도 되는지 앞다투어 전진한다. 그러다가 서로 엉기면서 작은 몸을 또르르 만다. 거실의 중간 문을 여는 소리에 그랬을까, 아니면 내 시커먼 발 그늘에 놀란 것일까. 섬세하고 가느다란 다리로 흩어졌다가 모이기를 반복한다.

환영하는 내 목소리를 듣기라도 한 모양인지 몸을 말았다 펴며 인사한다. 예의는 제법 갖춘 손님들이다. 마음을 열어버렸더니 어느새 자기들 집인 양 까불며 굴러다닌다. 쌀 한 톨만 한 크기로 몸을 말았다가 데굴데굴 거실 바닥을 구르는 묘기를 부린다. 하지만 이들이 온 집안을 점령하게 놔둘 수는 없다. 나도 대책을 세운다.

공벌레처럼 재빠르게 안방 화장대 위로 손을 뻗어 투명한 면봉 용기 뚜껑을 집는다. 제일 먼저 눈에 띈 한 마리를 면봉으로 들어 올려 용기 뚜껑에 조심스레 놓는다. 투명 용기 안으로 들어온 공벌레는 가장자리를 뱅글뱅글 돈다. 아무리 돌아도 제자리인 걸 녀석은 알고나 있는 것일까.

그놈이 하는 짓을 쳐다보고 있자니 '너 참 외롭겠다.'라는 생각에 꽂힌다. 내 시선은 곧바로 냉장고와 벽의 틈바구니를 살핀다. 서성대는 한 마리를 발견한다. 녀석도 집어 올려 용기 안에 넣는다. 두 놈은 각각 반대 방향으로 돌다가 서로 부딪힌다. 혼자가 아니라는 걸 알았을까. 엎치락뒤치락하며 몸을 비벼 댄다. 상봉의 기쁨도 잠시, 서로 갈 길을 간다. 짧은 다리로 물속을 헤엄치는 것처럼 밖으로 나오려고 몸통을 세운다. 그러길 여러 번 반복하더니 나동그라진다. 이내 포기했는지, 두려움 때문인지 한쪽 구석에 옹그린 채 미동도 없다.

절지동물 중, 갑각류에 속하는 공벌레는 일곱 개의 몸통 부분과 다섯 마디의 배로 이루어졌다. 썩은 낙엽과 나무껍질에서 서식하는 데 종종 마른 곳을 찾아다니기도 한다. 본디 흙이라는 것은 생명의 본향이다. 모든 생명은 태어남과 죽음을 흙에서 맞는다. 원초적이고 본질적인 물질이기 때문이다.

공벌레가 있는 용기를 들고 텃밭으로 나갔다. 부드럽고 촉촉한 흙을 용기 바닥에 편편하게 깔았다. 그리고 나뭇잎을 주워 잘게 부수었다. 먹이 삼아 흙 위를 덮었다. 공벌레 두 녀석이 흙냄새를 맡은 모양인지 잽싸게 움직이더니 탐색이 한창이다. 곧이어 나뭇잎을 파고 들어가 편안한 자세로 움직이질 않는다.

반나절이 지났을까. 서로에 대한 탐색이 끝났는지 몸놀림이 시큰둥하다. 바깥세상이 궁금했는지 두 놈이 앞다퉈 통통한 몸을 세운다. 장벽을 넘지 못한 채 공벌레의 둥근 등이 흙더미에 소리 없이 떨어진다. 누워서 바둥거리더니 잠시 멈칫한다. 거실 천장에서 뭐라도 발견한 걸까. 그것들이 원하는 세상이 보였는지도 모르겠다. 공벌레의 시선이 바깥으로 향한다. 언젠가 나가겠다는 것인지 사뭇 자세가 비장하다. 마치, 내가 동경하는 세상을 가슴에 묻어두고 그리워했듯이 말이다.

하얀 목련이 지고, 붉은 장미가 봉오리를 내밀 즈음, 연지 곤지를 그렸다. 그리고 한 사람과 삼십 년을 같이 지냈다. 오랜 시간을 함께했으니 닮아가리라 생각했다. 하지만 그건 나만의 착각이었다는 것을 알기까지 오래 걸리지 않았다. 아이들도 날 이해하지 못했다. 세월은 갈수록 타성에 젖어 그때의 약속은 희미해져만 갔다. 서로에게 지켜야 할 의무는 사라지고 권리만 남은 채 삶은 일그러졌다.

끊이지 않는 갈등 속에서 나는 지쳐갔다. 그때부터다. 오랫동안 살던 공간은 어둡고 습하고, 비좁은 바위틈 같다고 느끼게 된 때가 말이다. 조갈증은 내가 탈출하는데 시발점이 됐다. 갇혀 있다는 답답함은 탈출을 더 부추겼는지도 모르겠다.

면봉으로 녀석들을 건드리니 딱딱한 몸을 만다. 탈출

을 시도한 조금 전의 일은 까맣게 잊은 듯하다. 목욕탕 문 앞에서 두 마리를 더 찾아 함께 놓아둔다. 네 마리는 크기도 색깔도 같은데 어딘가 달라 보인다.

외출했다가 돌아왔더니 공벌레는 쉬고 있는지, 포기했는지 움직이지 않는다. 녀석들에게 자극을 줄 심산으로 부러 공벌레가 머무는 용기에 지렛대처럼 면봉을 걸쳐놓는다. 한 마리가 솜방망이 있는 곳으로 짧은 다리를 연신 움직이며 올라간다. 그리곤 조심스레 면봉 다리를 밟으며 모험을 시도한다. 그리곤 힘겹게 바깥세상으로 '툭'하고 뛰어내린다. 갑자기 달라진 환경 때문일까. 공벌레는 거실 바닥을 무한 질주한다.

오랜 투쟁 끝에 제주도에 집을 마련했지만, 일상은 지루했다. 셀 수 없이 잠 못 드는 밤을 맞아야 했다. 그러다 새벽 때가 돼서야 잠시 눈을 감았다. 아침마다 핸드폰 알람에 몸을 일으키곤 했다. 딸들이 먼저 문을 두드렸다. "엄마 아침 먹었어?" 연이어 친구가 "잘 지내고 있니?" 그리곤 어쩌다 한번 뜬금없이 "어디야?" 남편이 물어왔다. 그러다 보면 날은 이미 밝아져 있기 일쑤였다. 자유로워지고 싶었다. 작은 감정 하나도 다스리지 못하는 존재라는 것을 깨닫기까지 오래 걸렸다. 공간을 벗어나면 자유로울 수 있다고 생각했던 내가 다시 나를 구속했다. 생각을 바꾸지 못하면 새로운 공간도 어두운 바위 틈에 불과할 뿐이란 것을 말이다. 어느새 서랍에 넣어 둔 명함과 신분증을 꺼낸다.

이미, 달은 내 안에서 기울고 있다.

애월수작涯月酬酌

애당초 제주도를 마음에 둔 건 아니었다.

"우리도 제주도 내려가서 살아볼까?"

TV를 보다 무심결에 툭 던진 남편 말에 흔들린 건 나였다. 그날 이후로 승냥이처럼 말꼬리를 물었다. 물론, 내 안에 똬리를 튼 자유로운 영혼도 한몫했다.

제주 구도심 근처에 연세年歲를 얻어서 지냈는데 내 몸 구석구석에 뭍의 일상이 남아 있었다. 연고 없는 제주에서 홀로 술을 마시며 외로움과 사투를 벌였다. 아침이면 퉁퉁 부은 눈 주위를 볼 때마다 이런 날이 어쩌다 한 번이면 족하지 않을까 싶었다. 그래서 혼술을 줄이려고 숨어든 곳이 중산간 중턱에 있는 애월읍이었다.

둥지를 튼 곳은 인적이 드물었다. 약속이 있는 날을 제외하곤 나가지 않는 것에 익숙해질 수 있어 맘에 들었다. 밤이 되면 아랫녘 애월 바다에 갈치 배가 떴다. 술 익는 냄새가 바람의 등에 실려 왔다. 그새 달빛은 밤바다를 흔들어 깨우고는 살며시 내 어깨에 다리를 걸쳤다. 반짝이는 갈치 배의 불빛에 취한 나는 무작정 밖으로 나갔다. 정신없이 달리다 보면 달도 숨이 가쁜지 헉헉거렸다. 그렇게 십여 분을 달려 술을 한가득 품에 안고는 집으로 오곤 했다.

'나를 위한 만찬을 준비하리라.' 조금 부족한 듯하지만, 닭 가슴살을 냉장고에서 꺼낸다. 안주는 소소할지라도 분위기만은 그럴싸하게 꾸미고 싶어진다. 「베토벤Beethoven의 월광 소나타Moonlight Sonata」 LP판을 턴테이블에 올리고 볼륨을 최대로 올린다. 빈 잔에 술을 가득 따른다. 넘기지도 못한 술을 물끄러미 쳐다보는 사이 혼자 취한다. 열병을 앓는 사람처럼 말초신경이 일어서고 서서히 나는 도화 꽃물처럼 붉어진다. 마치 바다를 처음 본 소금인형처럼 말이다. 이젠, 점잖을 떨 나이도 됐건만, '아직도…. 쯧쯧' 나도 모르게 실소가 달맞이꽃처럼 터진다. 손은 어느새 핸드폰을 만지작거린다. 남편에게 전화하면 여지없이 '응, 낼 통화해.' 하겠지. 까칠한 둘째 언니는 '너 또 술 마셨니?' 하며 목사님처럼 설교할 게 뻔하다. 아무리 위아래로 훑어봐도 한밤중에 통화할 사람은 없다. 달 아래 홀로 독작하던 '이백'을 떠올리며 '월하독작' 한 소절을 읊조리는 게 나을 성싶다.

> 花間一壺酒 獨酌無相親
> 꽃 사이에 술 한 병 놓고 벗도 없이 홀로 술 마신다.
> 擧杯邀明月 獨酌無相親
> 잔을 들어 달을 맞이하니 그림자와 셋이 되었구나.
> 月旣不解飮 影徒隨我身
> 달은 술 마실 줄 모르고 그림자는 그저 나를 따르기만 하네.

이내, 수작酬酌하지 못한 외로움이 부스러기가 되어 얼굴에 흩어진다. 초대장을 보내지 않아도 사는 곳이 애월涯月이라 술잔 속에 달이 뜬다. 이리 사는 것도 나쁘지 않다고 언제 달아날지 모를 달에 말을 건다. 독작하는 '이 백'의 고독에는 미치지 못하더라도 그럴싸한 밤이다.

애월로 이사하고 지인들과 술을 마신 적이 있다. 그날

단발머리가 도드라지게 잘 어울리는 젊은 K가 꽃과 와인 두 병을 사 들고 왔다. 와인을 고르느라 고심했다며 장황한 말을 늘어놓았다. K가 와인 한잔을 마시더니 갑자기 J에게 전화를 걸겠단다. K는 나보다 열 살이나 적고, J는 나보다 일곱 살이나 더 먹었는데 그럭저럭 셋은 잘 통했다.

 K의 전화를 받은 J는 이미 술잔을 기울이고 있는 것 같았다. 그런데도 늦은 밤, 택시를 타고 왔다. 청색 남방에 은테 안경을 쓴 J가 연거푸 두어 잔을 들이붓더니 속내를 열었다. 전등 불빛 아래 J의 얼굴이 붉었다. 내가 그리 느끼게 된 건 K가 슬쩍 농을 던진 것 때문이었다.

 "정말 오시다니? 택시 할증이 만만치 않았을 텐데~~"

 "애월 속의 달이 궁금해서요."

 달빛을 마시며 불나방처럼 춤 한 번 추는 게 뭣이 그리 나쁘단 말인가. 나는 술자리 분위기와 걸맞은 대화를 좋아했다. 누구나 비밀 하나쯤 풀고 가길 원했기에 이만한 공간이 없다고 여겼다. 술잔 속에 달이 사라졌다고 투덜거리지 않는다면 말이다.

봄이 오기 전부터 짐을 꾸리기 시작했다. 섬에서 홀로 지내는 밤이 쓸쓸하고, 두려워서는 아니었다. 바람에 흔들리지 않는 꽃이 어디 있으리오. 코끝에 스치는 바람에도 휘청했고, 소리 없는 몸짓에도 가끔 떨렸다. 그럴 때마다 나를 감싸고 있던 몸피가 조금씩 얇아졌다. 나를 잃을까 봐 두려웠다. 육지에 올라온 후론 종일 글자와 씨름한다. 늦은 밤, 추레한 복장으로 골목 편의점에 들어갔다.

"여기요."

"카드 넣어주세요."

소주 두 병을 안방 창가에 놓곤 밖을 내다보았다. 도시의 혼잡함에 바람은 이미 멈춘 듯했다. 수작할 친구를 찾다 보니 '하루살이'라도 괜찮겠다 싶어 방충망을 열었다.

살구나무에 꽃은 떨어진 지 오래고, 푸릇한 연두는 말라가는 중이다. 그런데도 나는 아직 바깥에서 서성인다. 한때 살구꽃처럼 담장 너머로 웃음 날리고 싶던 날을 상기하며 빈 잔을 채운다. '밤새워 연애하느라 꽃봉오리들은 몸살을 앓았겠지. 그리곤 아침이 오기 전에 이슬을 머금곤 개화를 위해 숨죽이고 있었겠지. 수런대고 싶었겠지? 봄날을 그리면서 말이야.' 그만, 말을 삼킨다.

언덕 위에 집

바비(이름)

 부유하지 못했던 나의 어린 시절, 부모님은 고만고만한 오 남매를 키우느라 힘겨워했다. 초등학교 4학년 때로 기억한다. 친구들에게 크리스마스 선물을 자랑한 적이 있었다. 마네킹의 축소판처럼 생긴 금발 머리 인형이었다. 그날 이후로 나는 매일 밤 바비 인형을 분신처럼 끼고 잠들곤 했다.

 "여보세요? 저 ○ ○ 인데요. 연실 샘! 텔레비전 좀 보세요."

"왜?"

"선생님 집이 나왔어요."

잠시 뒤 단체 톡 방이 시끌시끌했다. 나는 문학회 일 때문에 강원도 홍천에 있으니 갈 수도 없고 이를 어찌한단 말인가. 설마 하는 마음으로 TV를 보니 언덕 위 우리 집이다.

애월에 터를 마련하고자 물색하던 중 중산간 언덕 위, 여섯 채의 집이 눈에 들어왔다. 첫 번째로 분양을 받은 여섯 동은 베란다에 이천만 원이나 들여 바람에 대비했다. 연일 제주에 태풍이 북상한다더니 결국 옆집에 직격탄을 날리고 지나갔다.

옆집은 비 오는 날이 많은 제주 날씨를 염려해 베란다를 새시로 칠갑했는데 한 방의 원자폭탄 투하로 고스란히 내려앉았다. 그 못된 녀석의 이름은 바비(태풍)였다. 홍천에서 돌아와 온데간데없는 옆집 베란다를 보니, 걱정이 먼저인데도 속물근성이 앞서 흘러나왔다.

"어머 이천만 원이 날아갔네."

"글 쓴다는 사람이 쯧쯧" 옆에서 남편이 혀를 찼다.

어릴 적, 매일 바비 인형의 머리를 빗기면 한 움큼씩 옥수수수염이 빗에 딸려 나왔다. 날마다 속상해서 울었던 순수한 동심을 떠 올리자, 쥐구멍에라도 들어가고 싶었다.

불청객

태풍이 한차례 지나가면, 손 볼 곳이 많았다. 바람이 세찬 날은 덜컹거리는 소리가 현관문에서 시작해 안방 작은 창까지 도달했다. 내 집은 괜찮으니 오지 말라고 아무리 말려도 이주에 한 번씩 불청객이 들이닥쳤다. 조용히 왔다가 슬그머니 가면 좋으련만, 쓸데없는 잔소리만 늘어놓으니 오지 않는 게 도와주는 셈이었다. 바비(태풍)가 물러가고 난 뒤에 태풍 마이삭이 찾아왔다. 점심때쯤이었다.

"당신, 아직 별일 없지?"

"아무 일 없으니 일 보세요."

가늘던 비가 오후에는 갑자기 굵어지기 시작했다. 날씨는 잔뜩 화를 품은 채 천둥을 동반했다. 저녁 무렵, 현관문을 열려면 몸에 힘을 실어야 할 정도로 바람이 요란했다. 밥을 먹고 리모컨에 손이 닿는 순간, 세상이 암흑으로 변했다. 제주도에서 처음 당하는 정전이었다. 사방이 캄캄하니 바람 소리가 날뛰는 야생마 같았다. 분신처럼 지니던 핸드폰마저도 생명이 위태위태했다. 순간, 머릿속은 오로지 불청객 생각뿐이었다. 간신히 목숨 줄을 부여잡고 있는 핸드폰의 1번을 길게 눌렀다.

"여보세요."

남편의 목소리를 들으니, 울음이 터졌다. 남편이 소리를 질렀다.

"무슨 일이야? 울지 말고, 말해!"

"여기 정전이고, 핸드폰도 충전해야 하는데…."

"당신 당황하지 말고, 차에 가서 시동 켜, 내 말 들어."

차 안에서 삼사십 분이 지났을까, 내 얼굴은 흠뻑 젖었다. 남편이 제주에 오면 모진 소리로 대못을 박곤 했다. 조석으로 변덕스러운 성질머리 받아주는 게 당연하다고 생각했다. 그런데 폭풍의 언덕에 홀로 있고 보니 남편만큼이나 든든한 존재가 없었다. 정전에 멈춘 TV처럼 나는 쉴 때도 되었건만, 여전했다. 이를 두고 고래 심줄처럼 질기다고 해야 할지, 아니면 징글맞다고 해야 할지.

텃밭

집마다 한 평 남짓한 텃밭이 있다. 춘삼월에 이사 와 밭을 일구고 혼자 먹을 만큼만 농작물을 심었다. 물만 제때 주면 상추와 치커리는 하루가 다르게 컸다. 수확의 재미를 맛보는 데는 방울토마토가 최고였다. 노화 방지에 탁월한 가지와 사과보다도 비타민C가 많은 청양고추도 심었다. 그런데 이번 태풍에 꺾이고, 쓰러지고, 호박꽃은 벌을 만나지도 못한 채 시들고 말았다. 봄 내내 나를 돕던 우렁각시 친구들에게 수육 한 접시와 골뱅이무침으로 얻은 텃밭이었는데…. '망할 놈의 태풍.' 나도 모르게 욕이 튀어나왔다.

육지에서 살던 집에도 조그마한 텃밭이 있었다. 하지만 어머님이 가꿨기에 애틋한 마음이 덜했다. 제주 토양은 육지와 다르기에 정성 들여 돌밭을 달래고 보듬어 희망을 심었다. 그런데도 땅에 나뒹구는 꿈을 보니 기운이 빠졌다.

사실 태풍이 오기 전, 하루에 한 번 물 주는 것도 귀찮아 '비 좀 오지.' 종종 노래를 불렀다. 그러던 게 며칠 사이로 마음이 바뀌다니, 그래서 나는 수염이 없나 보다.

이소離巢

고흐의 풍경화처럼 제주가 유채꽃 세상일 때, 나는 애월로 이소했다. 혼자 맞는 주말이었다. 아침은 우유 200ml에 코코아 가루를 넣은 파우더로 대신했다. 그날, TV에서는 연예인이 반려견과 함께 생활하는 '동물농장'을 방영하고 있었다.

그는 반려견과 함께 산책하다가 길에 추락한 새 한 마리를 발견한다. 몸에 온기가 있는 것을 확인하자 곧장 집에 데려와 정성스레 보살폈으나 낫는 기미가 없다. 미동도 하지 않은 채 웅크리고만 있다. 불안한 마음에 전문가를 찾으니 크게 걱정할 일은 아니란다. 이 새는 암·수 한 쌍이 다니는 게 특징이라며 수일 내로 짝이 찾아

올 거라고 한다. 새의 이름은 직박구리다.

 며칠 후, 그는 볕이 잘 드는 베란다에 새집을 마련한다. 찾아올 한 마리의 짝을 기다리며 창밖을 본다. 한나절이나 지났을까. 새장 안에서 숨죽이던 직박구리가 퍼드덕거린다. 그리곤 새장을 탈출하려는 듯, 날갯짓이 부산스럽다. 동시에 창밖 나무의 가지 하나가 유난히 흔들린다. 순간 나는, TV의 볼륨을 높인다. 창을 사이에 두고 직박구리 두 마리가 서로를 향해 부르짖는다.

 '너한테 무슨 일이 있었기에 그곳에 있는 거냐고….' 묻는다.

 '네가 둥지를 떠난 것 아니었어?' 능청스럽게 책임을 묻는다. 순간. 이소할 때의 기고만장하던 내 어깨가 깊은 한숨 속으로 침몰한다.

 사람들은 대부분 절박한 경우 새로운 곳으로 거처를 옮긴다. 하지만 나는 삭막한 도시에서 매일 반복되는 삶이 싫었다. 하늘도 보이지 않는 빌딩 숲에서 겨우 별을 찾고, 달에 소원을 빌었지만, 뜻대로 되지 않았다. 똑같은 일상에서 돌아오는 건 현재의 나를 부정하는 것이었다. 심란한 마음으로 시작한 섬 생활은 도시와 별반 차이가 없었다.

상실과 허탈함을 오름에 위로받고 싶었다. 첫해는 오름에 미쳐 시간을 낚는 산책자가 되었다. 두 해가 지날 무렵엔 마음속에 오름을 품고자 했다. 들꽃과 함께한 봄의 오름이 좋았다. 뙤약볕에 지친 마음을 곶자왈에서 식히는 것도 그럭저럭 괜찮았다. 들판에 벼가 야무지게 익을 무렵에는 바람을 음표 삼아 억새와 시절 인연이 되었다.

그렇게 한 해가 저물 무렵이면 나는 겨울 문턱에 서 있었다. 나목에 백설이 소담스러운 꽃을 피우기 시작하면 잘살고 있노라고 내심 자신을 토닥였다. 자연을 몸속에 채우고 채워도 화산이 휩쓸고 간 현무암처럼 깊게 파인 구멍은 여전했다. 그곳으로 외로움이라는 매서운 바람이 들락거렸다. 쉴 새 없이 옷깃을 여미며, 나는 왜? 스스로 외로워지는 데 온 힘을 쏟는가. 라는 의문에서 벗어나지 못했다.

창문 너머로 하루가 사위어간다. 한낮의 태양도 쉴 곳을 찾아 세상 밖으로 사라진다. 베란다 안팎은 조용하다. 새장 직박구리가 조금은 편해진 걸까. 소란 뒤에 찾아온 침묵이 불편해 보이지 않는다.

　다음 날, 일찍부터 직박구리 두 마리가 유리창을 사이에 두고 아침 인사를 건넨다. 지난밤에 별일 없었느냐고, 네가 있던 그곳으로 돌아가라며 부리로 베란다 창을 콕콕 두드린다. 그가 새장 문을 열자, 한 마리가 잽싸게 다른 새에게로 간다. 두 마리는 날개를 힘껏 펼치더니 창공으로 솟구친다. 비상하는 새의 날개는 솜털보다 가벼워 보인다. 나란한 두 날개가 차츰 멀어진다.

　남편도 그랬다. 제주도에 나를 혼자 보내놓고 마음이 편치 않은지, 잦은 안부를 물었다. 그러는 사이 마찰이 줄어들었다. 삐걱거렸던 무수한 날이 점점 퇴색되어 간다. 사랑하는 이들을 두고 나는 무엇을 찾아 이곳까지 왔을까. 가족과 떨어져 홀로 지내는 시간이 길어질수록 사유도 깊어질 것으로 생각했다. 그 덫에서 허우적대는 나를, 외면하고 있는지도 모른다. 그래서일까. 이소할 때 당당했던 봄날의 볕은 시들해지고 한 해가 무심히 저물어간다.

혼술하는 여자

요즘도 가끔 혼자 술 마시냐고 선배가 묻더군요. 복용하는 약이 있어 뜸하다고 했지요. 외로운 마음을 술에 의지했던 때가 있었습니다. 술에 취하고 나면 당돌해진다고나 할까요. 없던 용기도 생기더군요.

우리 동네 아담한 초밥집입니다. 그날도 가게는 문전성시를 이루고 있었어요. 단골인 나도 이름을 적고 자리가 나길 기다렸지요. 혼자 술 마시는 것을 즐기기에 가는 곳이 정해져 있었어요. 추억을 곱씹고 싶은 날은 초밥집에 갔고, 술 따라주는 아낙네가 필요한 날은 따뜻한 동태탕 가게를 찾았습니다. 종업원이 번호를 부릅니다. 내가 선호하는 자리는 바텐더 쪽이랍니다. 그러기에 오래 기다리지 않아도 된답니다. 단발머리 아가씨가 주문을 받으러 내 옆으로 다가오네요. "따뜻하게, 차게, 무엇으로 드릴까요?" 나는 이내 "차게"라고 했어요. 차갑고, 뜨겁게는 정종을 주문할 때, 약식으로 묻는 거랍니다. 정종과 곁들여 초밥 몇 점을 주문했습니다.

나는 짭조름하면서 비릿한 맛과 오돌오돌 씹히는 식감이 일품인 타코와사비를 즐겨 먹습니다. 또 전자레인지에서 옥수수가 벙그는 것처럼 입안에서 톡톡 터치는 연어알이 듬뿍 올라간 초밥을 좋아합니다. 이내 대포 한 잔을 비웠습니다. 다시 주문한 잔을 기다리는 동안 과거라는 열차에 탑승합니다.

언제부터였는지 알 수 없지만, 어머님은 포도주가 심장에 좋다는 이야기를 전해 듣고 밤마다 가끔 들곤 했습니다. 나는 어머님께서 즐기던 포도주 한 병을 들고 몰래 방으로 들어갔습니다. 적적한 밤이 되면 허전한 마음에 혼자 술을 마시곤 했어요. 술의 시작은 그때부터가 아닌가 싶습니다. 홀짝홀짝 마시다 보면 한 병을 다 비우고 잠이 들곤 했으니까요. 외로움의 시작도 그때가 아니었을까 생각합니다.

다음 날 아침, 어머님은 주방에서 무엇을 찾는지 한참을 서성이고 계시더군요. 잠시 자신만의 생각에 빠져 고심하는 듯 보였습니다. 그리곤 평소처럼 수영장에 갈 채비를 하셨어요. 실은 나도 어머님이 나갈 때만 기다렸습니다.

터줏대감처럼 현관 앞에 자리한 괘종시계가 아홉 번을 치자 자동문처럼 "드르륵" 거실 문이 닫혔습니다. 이내 멀리서 대문이 "찰칵" 잠기는 소리가 들렸습니다. 서둘러 주방으로 달려갔습니다. 한참을 고심하던 어머님의 얼굴이 떠올랐습니다. 급한 마음에 약으로 쓰려고 담근 복분자 진액을 물에 희석해서 빈 포도주병에 부었습니다. 얼핏 보면 색깔도 비슷했기에 완전범죄라고 생각했지요. 하지만 내 얄팍한 속임수는 반나절도 못 가서 들통나고 말았지요.

며칠 후 어머님은 "어멈아, 수영장에서 들었는데 포도주는 바닥이 쏙 들어간 게 좋다더라." 하시며 포도주 몇 명을 사 들고 오셨더군요. 다정스레 보듬어 주던 어머님이 그립습니다.

옛일을 떠올릴 때마다 나도 모르게 입가에 보조개가

생겼습니다. 옆에 앉았던 손님은 이상스러운 눈으로 나를 흘겨보고 있네요. 서둘러 음식을 먹는 척하며 입을 오물거렸지요.

 내 주량은 정종이 담긴 잔술, 석 잔입니다. 이번에는 주문한 정종이 뜨겁게 데워져 나왔습니다. 술잔의 겉은 차갑지만, 담겨 나온 술은 뜨거웠습니다.
 나는 술잔의 겉처럼 차가운 척하며 쓸데없는 자존심만 강한 여자입니다. 내 뜨거운 속을 남편이 알까 봐 조바심을 내며 살고 있습니다. 참 우습지요. 누가 먼저랄 것 없이 한 걸음 가까이 가면 될 것을요. 오늘 밤, 술에 취한 척하며 슬그머니 남편에게 다가가면 이상하다고 생각할까요.
 오래전 남편하고 데이트를 끝내고 헤어지기 싫었습니다. 그래서 그이와 함께하길 원했습니다. 부부가 되고, 평생 사랑은 진행형이라 생각했어요. 엄청난 착각에 술을 찾게 되었는지도 모를 일입니다. 나는 예전의 나인데 남편은 남편이 아닌가요? 그는 이런 내 모습을 보며 "당신을 어찌하면 좋아." 이 말만 되풀이합니다. 남편이 나를 철부지라 생각해도 괜찮습니다. 눈과 귀로 확인하지 않으면 안 될 것 같은 마음을 무엇으로 설명할 수 있을까요.

어머님 속에서 남편이 나왔으니 묵은 포도주 한 병 사오지 않을까, 살짝 기대합니다. 이런저런 생각으로 한 편의 짤막한 소설을 쓰고 있습니다. 그 속을 눈치챈 건지 한약 한 제를 지어 왔더군요. 남편도 혼자 술 먹는 내 모습이 안쓰러웠던 게 아닐까요. 허한 영혼을 보약으로 채우라는 의중은 아니겠지요. 한약 한 봉지를 냉장고에서 꺼내 미지근한 물에 데웠습니다. 그리고 제일 멋진 와인 잔에 따랐어요. 혼자 술 마시던 여자의 추억을 꺼내 "원 샷!"

02

공상가와 몽상가

그녀에게 나는

꽈리와 양파

너머 세상

밤을 마주하다

부부 안식년

빗나간 예언

쓰는 일

이방인

탈탈탈

공상가와 몽상가

"띠띠띠띠 띠리릭."

그녀가 현관 비밀번호를 누르자 "철커덕" 문이 열린다. 곧바로 소파에 앉은 그녀는 사방을 둘러본다. "이번 주엔 누구하고 일주일을 지낼까?" 듣는 이도 없는데 혼자 중얼거린다.

그녀는 매주 월요일 오후 6시쯤, 컴퓨터의 마우스처럼 생긴 리모컨을 살짝 입술에 갖다 대곤 명령한다. 순간 작은 기계에 초록 불이 켜진다. 그때부터 그녀는 자신이 선택한 로봇과 한 주를 지낸다. 지금 그녀가 "한석규"라고 말하자 거실 왼쪽 모퉁이에 있던 로봇의 팔다리가 앞·뒤, 좌·우로 움직인다. 둥근 머리도 두어 번 회전한다. 분리됐던 로봇의 부속들이 "철커덕" 소리를 내며 제 자리를 찾는다. 이어 큐브처럼 복제된 한석규 AI가 저벅저벅 그녀 앞으로 온다. 지난주만 해도 그녀는 니컬러스 케이지와 함께 일주일을 보냈다.

그녀는 인공지능 시대에 산다. 짧은 단발머리에 150m의 단신에 플랫슈즈를 즐겨 신고, 화장기 없는 민낯으로 못 가는 데가 없다. 많은 직업이 없어진 지 오래지만, 그녀는 살아남았다. AI가 수집한 글을 부드럽게, 서정적으로 교정하는 건 로봇이 서툴기 때문이다. 하지만 그녀가 주변 사람들에게 직업을 이야기할 땐, 종종 자라목이 된다. 아직도 그녀는 모든 게 서툴다.

두 달 전, 홀로서기를 선언한 그녀는 AI 로봇 전시장을 찾았다. 혼자가 되길 원했는데 아이러니한 선택이었다. 인간들은 별별 기준으로 이상형을 말하는데, 그녀가 우선순위로 꼽는 건 목소리와 눈빛이다. 하지만 그녀가 남편에게 받은 합의금으로 한석규 목소리에 니컬러스 케이지의 눈을 다 갖기에는 턱없이 부족하다. 우선 기본형 로봇에 한석규와 니컬러스 케이지를 각각 세팅한 후에 그녀의 성격과 나이에 맞게 조정했다.

연이틀 하늘은 잿빛이었다. 수술받은 그녀의 무릎도 날씨 따라 시큰거렸다. 그녀는 종종 클래식 음악을 들으며 일한다. 그 음악을 선호하게 된 건 그녀의 상상력에 날개를 달아주기 때문이다. 로봇 한석규가 그녀의 마음을 읽은 모양이다. 조용히 일어나 '에릭 사티Erik Satie'의 〈그노시엔느Gnossiennes〉를 선곡한다. 그리곤 이내 살포시 그녀의 어깨를 감싸 안는다.

"밖에서 안 좋은 일 있었어요?"

"오늘은 연어 샐러드와 새우를 듬뿍 넣은 크림 스파게티를 먹고 싶네요."

그녀는 예전이나, 지금이나 달라진 게 없다. 상대를 투명 인간 취급하는 건 여전하다. 한석규는 익숙한 듯 소파에서 일어나 주방으로 간다.

"최 선생! 내 말 듣고 있는 거요?"

K의 갑작스러운 질문에 나는 움찔했다. 프로그램 박사 K는 나를 만날 때마다 십 년 후에 달라질 세상을 이야기한다. 혼자 사는 게 대중화되면서 혼술, 혼밥, 혼행(혼자 여행)이 부쩍 늘어난 건 사실이다. 이혼율도 줄었다고 한다. 이제 곧 AI가 지배하는 알고리즘 세상이 온단

다. 그러면 함께하고 싶은 사람과 살 수 있게 될 거라는 다소 우스꽝스러운 말이다.

아파트를 살 때 가진 돈에 맞춰 평수를 고르듯이 유명 배우의 얼굴을 모델로 한 로봇이 판매될 거란다. 예를 들면, 모델 하나는 아파트 24평 값, 32평은 둘 정도가 된다나. 로봇을 사려는 인간이 많아질수록 은행이나 보험사에서도 장기 적금 상품이 출시될 거라 한다. 미래의 빈부 차는 로봇의 유형이 기준으로 작용할 거라며 K는 장황하게 설명한다.

요즘엔 직장에서도 집안일을 할 수 있게 됐다. 빨래도, 설거지도, 밥도 시간을 설정하면 가능하다. 현재 시공하는 아파트에는 인공지능 방식을 도입하는 곳도 더러 있다고 한다. 물론, 옵션이므로 분양가가 비싸겠지만 말이다. 오래전에 그런 프로그램을 개발했으나 분양가 때문에 할 수 없었노라 한다. 시기적으로 맞지 않는 이유도 있겠다. 오늘도, 나는 공상가 K의 이야기를 들으며 상상에 나래를 편다.

점점 방대해지는 인간의 사고를 로봇이 습득하게 될지도 모른다. 2016년에 이세돌과 구글이 개발한 알파고의 바둑 경기만 봐도 알 수 있다. 알파고와 다섯 번 싸워 이세돌이 간신히 한 판을 이겼다. 이세돌은 생각 없이 던진 바둑돌로 딱 한 번 승리했을 뿐이다. 인간은 인공지능의 한계라 했지만, 알파고는 딥러닝 방식으로 스스로 패턴을 찾았다. 현재 진행되는 모든 경우의 수를 알고리즘으로 터득한 결과다. AI가 인간을 뛰어넘는 시대가 머지않았을까. 만약 세상이 로봇에 의해 지배된다면? 알파고가 인간의 방대한 경험을 습득해서 무수한 경우의 수를 읽어낸다면 무엇부터 해야 할까 자못 심각해진다.

며칠 전 '스파이크 존스spike jonze' 감독의 〈그녀The her〉라는 영화를 보았다. 부인과 별거 중인 남자 주인공, '테오도르'는 공허한 삶을 살아간다. 방황 끝에 그는 '운영체제operating system'를 판매하는 전시장을 찾는다. 그곳에서 OS1를 구입한다. OS1의 이름은 '사만다'이다. 테오도르와 사만다는 사랑하지만, 결국은 헤어진다. 사만다라는 OS1는 다른 인간과 상호작용하며 더 많은 사랑의 감정을 느낀다. 테오도르만의 사만다가 아니라는 것을 알았을 때, 인간과 인공지능의 괴리감에서 오는 벽을 이해하지 못한다.

테오도르는 이혼한 부인에게 감사하다는 편지를 남

긴다. 영화는 우리에게 말하고 있었다. 치유는 인간과의 상호작용에서 일어난다는 걸 말이다. 2013년도 개봉했지만, 배경은 2025년도다. 나는 현재 2023년에 속해 있다.

현실 가능성이 없는 것을 공상하는 K, 그의 백일몽 같은 이야기를 듣다 보면 설마 하면서도 상상 속에 나를 맡긴다. 몽상가가 된다. 하지만, 나는 누군가를 사랑하는 것도 서툰 사람이 아니던가. 가까운 이들과 상호작용도 부족하기에 현재의 삶도 벅차다. 내가 사는 세상이 로봇에 의해 지배되는 날이 올까. 올지도 모른다. 그렇다면 나는 무엇을 준비해야 하는 거지?

그녀에게 나는

족히 7~8년은 되었나 보다. 어머님과 이별하고 한동안 방안 통수로 지내고 있을 때다.

"당신 글 쓰고 싶어 했지, 어떻게 됐어?"

"봄 학기 강좌 신청했어요."

배꽃이 만개한 교정에 맴돌던 봄볕이 나를 반겨주었다. 개강 첫날에 다홍색 재킷이 유난히 잘 어울리는 그녀를 만났다. 무엇보다도 재킷 왼쪽 카라 브로치에 시선이 확 꽂혔다. 고양이 모양 브로치는 전체가 크리스털이어서 반짝거렸다. 붉은색 루비가 박힌 고양이 눈이 나를 노려보았다. 고양이는 정열적이고 도도해 보였다.

화려한 몸 장식 고양이처럼 그녀의 얼굴도 범상치 않

았다. 문우들의 대화를 살짝 엿듣자니, 관직에서 퇴임한 지 얼마 안 된, 백수 초년생이었다. 사무적이었지만 나름의 부드러움을 풍기는 사람이었다. 달콤한 아이스크림을 듬뿍 얹은 비엔나커피를 연상케 했다. 그래서인가 웃는 모습도 참 예뻤다.

두 번째 수업이 있던 날, 나는 수필 한 편을 겁 없이 내놓았다. 단락도 구성도 모르지는 않았다. 하지만 내 일상 대부분이 카톡 문장이었기에 무지함을 그대로 보여줬다. 문법도, 맞춤법도 다 틀린 작품을 문우들 앞에서 읽는데 포도주로 세수한 것처럼 얼굴이 붉어졌다. 작품 속의 나란 여자는 사차원에 가까웠다.

나는 엉뚱하고, 맹한 구석이 많다. 좋게 말하자면, 재밌는 성격의 소유자다. 내 작품에 '소주 각 1병'이란 표현이 있었다. 그날 이후로 그녀는 나와 눈이 마주치면 "연실이! 소주 각 1병."이라고 했다. 처음에는 놀리는 것인가 싶었다. 나중에 알고 보니 교제 신호탄 같은 것이었다. 그날 이후로 우리는 절친한 선후배 사이가 되었다.

그녀의 글은 정감이 있었다. 시골에서 성장한 모습이 그대로 투영되어 향수를 불러왔다. 글을 읽다 보면 구수한 청국장을 곁들인 보리밥 한 상을 대접받는 기분이었다. 동구 밖 시골길을 달리는 자동차의 차장 너머로 이제 막 모내기한 논에서 풋풋한 물 냄새가 풍겨오는 듯했다. 그녀가 글 속에 느닷없이 남도의 사투리를 능란하게 구사할 때면, 맏언니 같은 정이 느껴졌다. 기대고 싶은 마음이 생겼다. 내가 시골 생활을 동경하는데 그녀의 진솔함과 푸근함이 한몫했다. 제주에 대한 열망을 부추긴 불쏘시개가 되었다.

나는 머리부터 뼛속까지 서울 여자다. 특별시를 벗어나면 크게 잘못될 것처럼 도시에 대한 확신이 가득했다. 아스팔트 냄새가 물씬 풍기는 전형적인 도시의 정서에 물들어 있었다. 그러므로 내 뿌리는 양분이 부족하여 메마른 상태였다. 고작 할 수 있는 건 미사여구를 늘어놓는 것이었다. 내 글은 이 맛도, 저 맛도 아니었다. 오히려 싱거운 맛이라도 있으면 좋으련만, 알 수 없는 삭막함과 독자에게 잘 보이려는 허영심만이 가득했다.

그녀와 내가 닮은 게 있다면, 자연으로 돌아가 순응하는 삶을 살아 보는 것이었다. 그러한 생활은 인간을 성숙하게 만들며, 반추하는 능력이 있다는 것을 진즉부터 알았다. 그리고 둘은 배움에 대한 욕심도 비슷했다. 그러나 그녀는 소화 능력이 뛰어났고, 나는 저장능력만 좋았으니 매번 급체했다. 약이 필요했고 없으면 빵빵한 배를 움켜잡고 며칠을 고생하는 게 다반사였다. 들어오는 건 많은데 나갈 길을 못 찾아 운무에 휩싸인 듯 답답했다. 몇 년 전, 그녀를 광화문에서 만났다.

"언니, 걱정이야."

"왜?"

"청탁받았는데, 잘 안 써지네요."

"내게 없는 것이 너한테는 있고, 너는 점점 자라고 있다는 걸 아직도 모르는 거야?"

그녀를 만나고 온 날, 나는 석류 씨를 입안에 터트린 것처럼 새콤달콤한 소설을 쓰게 되었다. 나를 기분 좋게 하는 말 때문은 아니었다. 그녀는 내 안에 숨은 1%도 안 되는 예술혼을 꺼내주었다.

앞마당에 핀 유채꽃밭을 바라보고 있노라니 그녀가 찡긋 웃으며 날린 한 마디가 생각난다.

"너는 나에게 쏠쏠한 재미를 주는 후배야! 언제 우리 소주 각 1병에 도전해 볼래?"

꽈리와 양파

 가을비가 추적추적 내리는 어느 날이다. 문우 김 선생이 잘 말린 꽈리를 주머니에서 꺼냈다. 그리곤 당신 손바닥에 올려놓고 나를 불렀다.
 "최 선생?"
 "어머, 예쁘기도 해라."
 마음이 동해 손가락으로 잡자마자 붉은 꽈리가 힘없이 바스러지고 말았다. 내 투박함에 김 선생은 화들짝 놀랐다. 이번에는 속이 텅 비었으니 꽉 잡지 말라고 툴툴대며 하나를 더 꺼냈다. 나는 그것을 받아 조심스레 가방에 넣었다. 그리곤 집에 오는 내내 가방 여닫는 걸 멈추지 않았다. 현관문을 열자마자 잰걸음으로 책상에 내려놓곤 뚫어질 듯 바라보았다. 순간, 하필이면 속이 텅 빈 꽈리를 내게 선물했을까 하는 생각에 사로잡혔다. 갑자기 사유로 깊이 들어가고 싶었다.

언제부터인지 잘 기억나지 않는다. 신인상을 받고 등단한 뒤 서너 달이 지났을 때였던 것 같다. 남편은 나를 '최 작가'라고 불렀는데 때와 장소를 가리지 않았다. 처음에는 낯간지러웠지만 자주 듣다 보니 익숙해졌다. 그러는 동안 내 안에 방자함이 들어찼다.

나는 작은 소음도 지나치는 법이 없었다. 소음은 글을 쓰는 데 방해된다며 주변 사람들에게 핀잔주는 건 예사였다. 한술 더 떠 산천초목이 우거진 곳에서 살아야 풍부한 감성으로 글발이 오른다며 꼴값을 떨었다. 책상에 놓인 꽈리를 보고 있노라니, 아무리 희석해 봐도 어딘지 모르게 나와 닮아 보였다.

겉은 화려하고 속은 텅 빈 꽈리다. 사유하는 눈도, 세련미도, 언어를 부리는 능력도 부족하면서 얕은 지식을 앞세워 방자하게 굴었다. 만일 그런 모습으로 대중 앞에 선다면 나는 금방 바스러질 꽈리와 다르지 않았다.

고즈넉한 성북동의 한옥 솟을대문 옆에는 발간 대추

가 똘망똘망한 표정으로 사람들을 반겼다. 한나절 비가 온 터라 바람에 흔들리는 풍경 소리도 맑고 청아했다. 빗물을 먹은 이끼가 자그마한 정자 다리에 붙어 축축한 몸을 말리는 중이었다. 그 옆으로 오래된 우물은 시간을 가둔 채 한옥과 함께 그날의 풍경을 책임지고 있었다.

"근사하다, 자주 오니?"

"잊을 만하면요."

그곳은 지방에 계신 주지 스님이 오는 날에 가끔 들르던 전통찻집이었다. 큰 언니하곤 처음이었다. 미국의 퀸즈 식물원에 임원직을 맡게 된 언니는 한국 정원에도 큰 관심을 보였기에 서울에 있는 고택을 보여주려고 수연산방을 찾은 것이다.

언니는 80년대 중반에 한국을 떠났다. 그 당시 우리나라는 월북 작가의 글이 대중에게 다가가기 쉽지 않던 시절이었다. 그래서 언니는 '상허, 이태준'에 대해 잘 알지 못했다. 하지만 이곳을 방문한다는 말에 '이태준'의 단편소설을 몇 편 읽고 왔단다. 언니의 지식욕이 부러웠다.

언니가 미국에서의 삶을 선택한 지 벌써 삼십여 년이 되었다. 강산이 세 번이나 바뀐 세월이다. 하지만 언니는 주름만 조금 늘었을 뿐 모든 게 그대로다. 되레 한 꺼풀 벗겨내도 별다를 게 없는 양파 같았다.

언니는 나와 달랐다. 타국에서 느끼는 외로움과 고독을 차곡차곡 글과 음악으로 쌓았다. 무엇이든 익으면 익을수록 본질의 맛을 살려냈다. 은연중 알싸하게 톡 쏘는 양파의 매력까지 갖췄다. 민낯은 진실하고, 소박했다. 화려한 색과는 거리가 먼 양파는 깊은 맛을 지닌 식재료가 아니던가.

언니와 나는 자식 중에서도 아버지를 가장 많이 닮았다. 자라면서 언니는 아버지의 말동무를 했고, 나는 아버지와 놀이하는 걸 좋아했다. 이를테면 바둑이나 장기 같은 잡기를 즐겼다. 그때부터였을까. 사유하는 능력이 가지를 펼치지 못한 게…. 그렇게 자위해 보지만, 그게 내 빈속의 전부는 아닌 것 같다.

우리는 대추차와 호박범벅을 주문하고 툇마루에 걸터앉았다. 세월을 가늠할 수 없는 육각 소반에 주문한 차와 범벅이 나왔다. 뭉근하게 오래 달인 덕분인지 대추차가 검붉은 게 틀림없는 진국이었다. 언니와 나는 백 년이 다 된 수연산방에서 점심때가 지나서야 일어났다. 오래 묵은 것만큼이나 가을도 깊어가고 있었다.

나는 화려한 글쟁이가 되고 싶다. 밖은 붉은 꽈리로,

안은 단단한 양파처럼 말이다. 사유의 세계를 자유로이 오가고 싶다는 생각에 머물자, 이 또한 얼마나 부질없는 일이 아니던가. 글을 써야 한다는 마음으로 족해야 하거늘…. 내 안에 깃든 색을 우려낼 생각보다 인위적으로 만들고자 하니 어리석도다. 빈 꽈리에 생각이 차오르기를 사뭇 두 손을 모은다.

너머 세상

 토요일 아침, 남편이 칼칼한 청국장을 찾는다. 나는 청국장을 즐기지 않지만, 끼니를 밖에서 해결하는 일이 많은 남편을 위해 솜씨를 부려 볼 참이다.

 냉장고에서 감자, 양파, 호박과 두부 반 모를 꺼낸다. 채소는 모두 납작 썰기로 한 후, 다시마 육수를 뚝배기에 붓는다. 육수가 한소끔 끓으면 썰어 놓은 채소를 넣고 청국장을 푼다. 다진 마늘과 어슷하게 썬 파로 마무리한다. 뚝배기에 보글보글 기포가 생기면 아침 밥상이 완성된다.

 남편이 고개를 45도로 숙인 채 본능적인 식욕에 집착하는 모습을 상상한다. 남편의 후각이 예민해지는 순간, 나는 그의 뒤통수에서도 하고 싶은 말을 짐작한다. 분명 '냄새가 죽여주는 게 실력 좀 발휘한 것 같다'라는 립서비스로 이어질 게 뻔하다. 그런데 어라! 완전히 잘못 짚었다.

"왜 이리 짜?"

"짜요? 청국장을 너무 많이 넣었나?"

얼른 정수기에서 뜨거운 물을 반 컵이나 받아 팔팔 끓는 뚝배기에 붓는다.

"이젠 간이 맞을 거야."

남편은 엉덩이를 밀어 의자를 뒤로 빼더니 일어나 중얼거리며 방으로 들어간다. 보아하니 단식투쟁에 들어갈 모양새다. 모처럼 마음먹고 준비했건만, 그냥 잠자코 먹으면 얼마나 좋아. 이런 일이 일어날 때마다 구시렁대는 게 나는 몹시 못마땅하다. 지금도 '뭐 하나, 제대로 하는 게 없어.' 하며 들어간 것이다. 그래도 양심은 있었나 보다. 내 눈을 똑바로 보지 못하는 걸 보면 말이다. 거실 구석에 쌓인 신문을 뒤적이다가 전단 하나를 들고는 방으로 들어갔다.

"여보, 전철 역 앞에 식당이 새로 개업했다네."

우체통에 껴 있던 '청국장과 보리밥' 개업 전단이다.

남편이 주섬주섬 외투를 걸치곤 배고프다며 내 손을 잡아챘다. 집에서 나와 중간이나 왔을까. 내 못된 버릇이 발동했다.

"여보! 아까 방에 들어가면서 뭐 하나 제대로 하는 게 없어, 그리 말했지?"

"어떻게 알았어?"

"당신이 내 뒤에서 삿대질한 것 나도 알거든."

남편하고 외식하고 들어와 곧장 서재로 들어갔다. 부엌을 개조해서 만든 곳이라 서재는 유리문이다. 그러니 밖에서도 나를 엿보는 건 쉽다. 그런데도 남편은 꼭 문을 열어 놓으라고 한다. 컴퓨터 앞에 앉아 있는 내 뒷모습만 보이는 데 왜 굳이 문을 닫지 말라는 걸까? 어쩌면 내 너머 세상이 궁금한 건지도 모른다.

남편에게는 보이지 않지만, 내 작은 노트북에는 다른 세상이 있다. 생각과 이상理想으로 세운 나의 세계다. 남편은 지금 내 뒤에서 한참을 지켜보는 중이다. 차마, 앞에서는 말할 수 없었기에, 내가 웃었는지, 울었는지 범인이 본인일지 궁금해하면서 말이다. 그가 내 뒤에서 응원하고 있다는 것을 나는 이미 안다.

밤을 마주하다

 매일 밤, 뒤척이다 잠이 들곤 한다. 처음에는 불면증을 겪을 나이가 되었는지 생각했다. 그러나 그 이유만은 아닌 것 같다.

 지난달까지 내가 사는 집 뒤는 자그마한 공터였다. 그런데 요즘 땅을 뒤집는 굴착기 소리가 요란하다. 그뿐인가. 저녁만 되면 인부들이 그곳에 모여 모닥불을 피운다. 심지어 밤늦도록 술잔을 주고받는다. 그런 날은 공사 현장에서 키우는 개마저도 술에 취한 듯 승냥이처럼 짖는다. 개들의 하울링에 마음이 어수선하다.

 침대에 비스듬히 기댄 몸을 곧추세운다. 활활 타는 모닥불이 꺼지기만을 기다린다. 그러길 삼십여 분, 파장

할 기미가 없다고 판단되면 다리를 가슴까지 끌어당기곤 다리 사이에 베개를 끼운다. 지난밤에 읽던 책을 위에 올린다. 페이지를 넘긴다. 사유의 세계로 발을 디딘다. 문고리를 잡고 힘껏 밀어보지만, 생각보다 문이 견고하다. 밤이 깊어질수록 어둠이 잉태하는 갖가지 소리에 귀를 기울인다.

사람들은 밤을 어둠의 대명사로 말한다. 어떤 이는 연기처럼 피어오른 악의 기운이 깊은 늪으로 이끄는 시간이라고도 한다. 때론 밤이 되면 보이지 않던 게 더 잘 보인다고 한다. 논리에 어긋나는 거짓말처럼 들린다. 칠흑같이 캄캄한 밤에 무엇이 더 잘 보인다는 말인가. 현상이 아닌, 본질을 말하는 것이다. 밤을 진지하게 마주한 적 없는 사람은 밤이 다정한 친구라는 걸 알 리 없다. 그런 밤과 나는 친구가 되어 볼 생각이다.

밤은 각양각색의 모습으로 온다. 우리 집으로 오는 골목 사거리 건너편에는 '술 도둑'이란 선술집이 있다. 그 가게 주인아주머니의 밤은 처연하다. 손님과 술잔을 기울이며 그들의 넋두리를 받아준다. 골목 뒤안길 인적 드문 곳의 '담아'라는 카페 여주인의 밤은 조용하다. 홀로 고독을 즐긴다. 작년 가을, 독신의 굴레에서 벗어난 후

배는 오누이처럼 늙어가는 내게 전화로 밤이 익는 소리를 보낸다. 매일, 나와 남편은 밋밋한 밤을 보낸다.

이십 대에 겪은 밤은 특별했다. 밤새도록 실존이란 논제에 심취해 아침을 맞는 날이 많았다. 세상 모든 고민을 혼자 짊어진 양 젊은이들의 특권처럼 밤을 즐겼다. 사랑과 고독을 핑계로 술을 폭주하며 자유를 부르짖었다. 확고한 정체성도 없이 건방을 떨었다. '여자는 태어나는 것이 아닌, 만들어지는 것이다'라는 시몬느 보부아르의 말을 좋아했다. 남자와 동등한 관계에서 여자의 길을 가야 한다며 우쭐댔다. 그런 내가 친구 중, 제일 먼저 동반자를 찾아 나섰다.

그 후, 밤은 외롭고 고독한 게 아니라는 원색적인 생각에 사로잡혔다. 육체적 욕정으로 밤을 의지하고 즐겼다.

세상의 이치를 안다고 자부한 나이에 찾아 든 밤은 길기만 했다. 밤마다 병마에 시달리는 어머님을 곁에 두고 많은 것을 비워내야만 했다. 그때처럼 날이 밝기만을 기다렸던 적이 내 생에 또 있었을까. 그런 날이 지나고 모두에게 안온한 밤이 찾아왔을 때 나는 혼자였다. 몇 해 전부터 제주도에 살게 되었다. 이제는 밤에 손님처럼 찾아든 고독을 내쫓고 싶지 않다. 있는 힘을 다해 밀어내기보단, 친구로 함께 가길 원한다.

  조용히 책을 덮는다. 노트북의 전원 스위치를 누른다. 나는 사위어가는 캄캄한 암흑으로 접어들고 밤 한가운데 홀로 앉았다. 마음속에 있는 또 다른 나와 만나려 한다. 나는 지금 장편 소설의 주인공이다. 글 속에서 수많은 또 다른 내가 되어 울기도 하고, 웃기도 한다.

  가장 진한 색의 밤이여, 어서 오라. 뜨거운 이성으로 맞아줄 테니.

부부 안식년

 큰아이 학부모들 모임이 있는 날이었다. 입학 때부터 시작했으니 이십 년 지기 친구들이다. 모이면 의례적으로 묻는 말이, 누구네, 딸은 남자 친구 있니? 네 아들은 언제 국수 먹여줄 거니? 그리곤 대미를 장식하는 대화가 손주 소식 없니? 등이었다. 그런 말들이 오갈 때면 나도 모르게 마음이 급해졌다. 평소에는 나이에 관대한 나였다. 하지만 모임에서는 괜스레 혼자만, 심통 난 사람처럼 얼굴이 붉으락푸르락 달아올랐다. 우리 집에는 치우지 못한 화상이 둘이나 있으니 말이다.
 여섯은 각각 결혼을 유지한 세월이 달랐다. 대부분 삼십 년의 결혼 생활을 채웠다. 맏언니인 동윤 엄마가 십 년을 더 얹어 잘 사는 중이었다. 그런 언니가 무심결에 내뱉은 말이 웃음 터지게 했다.

"한 사람하고 사십 년 사는 건 불행이야, 이것도 임기가 있으면 좋으련만….*

틀린 말도 아니었다. 나도 삼십 년 결혼 생활 유지 중이다. 한사람하고 평생을 같이한다는 게 쉬운 일이 아님을 잘 안다. 남편과 함께하면서 종종 권태를 느낄 때도 있었다. 그래서 혼자 사는 사람을 동경하기도 했다. 아직은 딸들이 제 짝을 만나지 못했으니 실현되지 못할 꿈이라고 생각했다.

결혼 후, 십 년은 어머님 모시고 연년생인 두 딸을 키우느라 훌쩍 지나갔다. 그 후 십 년은 남편의 사업 뒷바라지하는데 손을 보탰다. 그래서 나도 자신을 위한 휴식기를 가져야겠다고 마음먹었다. 그런데 갑작스러운 어머님의 직장암 선고로 삶의 여정에 변수가 생겼다. 그날 이후로 힘든 날들을 보내야만 했다.

어머님을 보내드린 후에는 내 발목 잡는 일은 없으리라 여겼다. 이제 거침없이 나아가기만 하면 된다고 생각했다. 그러나 어디에서나 복병이 있었다. 그것도 아주 가까운 곳에 있는 걸 뒤늦게야 깨달았다. 항상 내 편이라고 믿었기에 의심하지 않았다. 그러나 결정적인 순간, 남의 편이 되는 남편이란 복병이었다.

어느 날, 부부들이 나와 대담하는 프로를 본 적이 있었다. 출연한 상담사가 결혼할 때, 장롱하고 남편은 신중하게 선택해야 한다고 말했다. 지나가는 말 같았지만 그게 뼈 있는 농이었다는 걸 살면서 알게 되었다.

신혼살림을 장만할 때 오래 쓸 요량으로 유행에 민감하지 않고 무난하며 튼튼한 것으로 장롱을 선택한다. 한번 사면 망가지지 않는 한 오래 사용한다고 생각하는 게 일반적이다. 그러니 배우자도 장롱을 고를 때처럼 신중하게 선택해야 한다는 의미일 것이다. 요즘은 시대가 바뀌어 쓸 만한 것도 갖다 버리는 세상이 되었다. 그러니 이혼하는 확률도 높아진 건 당연하다. 달리 말하자면 그만큼 참을성도 점점 줄어든다는 해석이다.

제주에서 알게 된 지인이 초등학교 동창 모임에 갔다가 들은 이야기를 내게 전했다. 횟집에 모여 술을 먹다 보니 어지간히 취해 있었단다. 회포를 푼다며 다들 한마디씩 거들다가 평생을 한 사람하고만 사는 것은 지루하다는 결론을 내렸다. 더 나아가 나라에서, 결혼제도를 바꿔야 한다는 이야기까지 갔다고 한다. 결혼제도에 부부 기간제를 추가하는 걸 법안으로 정해줄 것을 말이다.

남·여 동창생들은 한 사람과 같이 사는 기간을 두고 팽팽하게 대립했다고 했다. 남자들은 단호하게 십 년이라 했고, 여자들은 육아가 있으니 이십 년이라고 우기면서 한바탕 박장대소로 마무리되었다는 것이다. 이야기를 듣고 웃긴 했지만, 한편으론 씁쓸했다. 왜 이런 이야기가 오가는 것일까. 그냥 지나가는 말은 아닌 것 같다. 오랜 결혼 생활에서 느끼는 익숙함과 편안함이, 되레 부부의 오감을 무디게 하는 건 아닐까.

삼십 년 전만 해도 대부분 여성은 결혼하면 다니던 직장을 그만두고 가정에 머물렀다. 복지가 활성화되지 않았기에 당연히 아이들을 돌보는 건 여성들이었다. 그 선택이 가정에 보탬을 준다는 생각이 많았다. 그러나 세상은 변했다. 여성도 사회에 진출하여 여러 부분에서 두각을 드러내는 시대다.

유대교에서는 칠 년마다 일 년은 모든 일을 놓고 쉰다. 이를 안식년安息年이라고 한다. 종에게는 자유를, 빚진 자에게는 빚을 탕감해 주는 전통이 이어지고 있다고 한다. 우리나라도 수업 재충전의 기회로 안식년의 제도를 도입하고 있다. 사회의 기본이 되는 가정, 주춧돌이 되는 부부도 재충전의 기회가 있어야 한다고 생각한다. 그리하면 부부간에 빈말이라도 지겹다, 너무 오래 같이 산다. 라는 말이 좀 줄어들지 않을까.

황혼에 이혼하거나 졸혼하는 사람들이 늘어나는 추세다. 왜 그런 일이 빈번해진 걸까. 중년을 좀 더 아름답게 살 수는 없을까. 안식의 기회를 줬다면 이 같은 경우는 낮아지지 않았을까. 자녀들을 다 출가시킨 후, 정작 의지해야 할 사람이 필요한 시기에 졸혼이 무슨 의미가 있을까. 그런데도 꼭 해야 한다면 그건 마지막 몸부림이다.

'부부 기간제'라는 게 어불성설이라면, '부부 안식년安息年'이란 것에 관한 한 번쯤 고민해 보면 어떨까 싶다.

복병이던 남편이 내게 안식할 것을 제안한다. 내친김에 바다 건너 제주도를 선택한다. 이왕지사 허락했으니 뚝 떨어진 공간에서 나만을 위해 살아보련다. 어느 시인의 시가 떠오른다.

"여보! 일 년만 나를 찾지 말아 주세요. 내가 나를 찾아서 올 테니까요."

빗나간 예언

운명이 궁금했다

보슬보슬 봄비가 내리던 어느 날, 시이모님들이 집에 오셨다. 그날 어머님은 익숙한 손놀림으로 하얀 반죽을 치댔다. 끓는 육수에 떼어 넣은 반죽은 목련 꽃잎처럼 포르르 떠올랐다. 이내 거실의 둥근 상은 희끗희끗한 시이모님들의 머리로 뒤덮였다. 그들의 화제는 시간이 갈수록 발효된 빵 반죽처럼 며느리에 관한 이야기로 부풀어 올랐다.

이를테면 손이 귀한 집에 시집온 지 여러 해가 지났는데도 아기를 안 갖는다거나, 친정 나들이가 잦으며, 손끝이 야무지지 못하다는 등의 이야기였다. 속내를 털어놓으며 며느리들을 기선 제압해야 한다는 이야기로 마무리되었다.

이에 질세라 며느리들도 연통을 주고받았다. 어느 날 한 곳에 모여 의기투합한 며느리의 지질한 사연은 이러했다. 몇 관씩 도라지를 까다 오금이 저렸다거나, 간밤에 시어머니가 아들 내외 방문 앞에 서 있었던 적도 있다고 했다. 며느리들은 칼자루만 쥔 채로 휘두르지도 못할 대화를 이어갔다. 하지만 그녀들은 곧 고방 열쇠를 자치하게 될 거라는 희망 사항을 남긴 채 집으로 돌아갔다.

첫딸을 낳고 아들을 기다리고 있을 때였다. 집안에 사촌 형님은 삶이 궁금하다며 무꾸리하러 가자고 했다. 운명은 불확실성을 전제한다. 파도가 일렁일 때마다 힘들던 기억이 주마등처럼 스쳤다. 시집살이에 끝은 언제쯤일까. 내게도 삼신할미가 아들을 점지해 줄까. 과연 백년해로할 수 있을까.

바람이 불었다

유난히 길고 무더웠던 여름의 끝자락, 투병 중이던 어

머님이 떠났다. 한쪽 팔이 잘린 것처럼 허전했다. 집안 어른들은 마음의 짐을 덜었으니 한결 편안할 거라 했다. 하지만 눈을 감은 어머님으로 인해 남편 형제들의 속내가 요란했다. 편치 못한 집안 분위기에 잘 다진 남편과의 관계도 조금씩 소원해졌다. 그때마다 은둔지가 필요했다. 음악을 좋아한 터라 종종 클래식 음악을 들을 수 있는 '풍월당'으로 숨어들곤 했다.

말복이 지난 즈음에 '풍월당'을 찾았다. 그날은 유난히도 꽃무늬가 화려한 원피스를 골라 입었다. 치마가 뒤집힐 정도로 바람이 잦지는 않았다. 공연장에서 브람스의 인터메조 Op.118 No.2를 듣는 내내 이성과 감성 사이를 오르내렸다. 클라라처럼 정신적 사랑을 할 수 있는 브람스를 닮은 상대가 내게도 있었으면 했다. 아니 그런 삶을 딱 한번 살고 싶었다.

설레는 마음으로 길모퉁이를 돌아설 때였다. 조난한 배가 부표를 찾은 듯, 형형색색의 꼬마 알전구 앞에서 걸음을 멈췄다. 나도 모르게 가게 안으로 들어섰다. 지난날의 점괘가 떠올랐다. 환갑이 훌쩍 넘은 주인 여자가 한 손으로 생머리를 늘어뜨리며 나를 쳐다보았다.

"무엇이 궁금하신가요?"

현란한 손놀림으로 카드를 내 앞에 펼치더니 몇 장을 뽑으라 했다. 주인은 카드의 앞면을 뒤집으며 조만간 내게, 남자가 생길 운명이라 했다. 새로운 남자를 만날 처지도 아니기에 단돈 만 원으로 기분이 좋아진다면 그로 족하다 싶었다. 타로 집 주인의 예언이 적중한 것일까? 가을볕이 따가운 날, 나는 안식년을 맞아 제주도로 긴 여행을 떠나게 됐다.

남자를 만났다

 무꾸리의 기억을 복기하면서 해안가를 거닐었다. 남방 고래가 출몰한다는 바다는 잠잠했다. 내려올 때 부풀었던 마음도 염분 탓에 쪼그라들었다. 내가 머문 애월의 중산간은 적적했지만, 요람이 흔들릴 정도로 바람은 불지 않았다. 불었다 한들 바짝 선 내 이성의 더듬이가 감성을 잠재울 게 뻔했다. 마음의 절반은 육지에 있었다. 어쩌면 점괘대로 살고 싶지 않았기에 온 힘을 다해 버텼는지도 모른다.
 누구나 파도가 일면 그것을 타야만 한다. 내가 감당해야 할 현실이 파도라면 주저하지 말고, 거기에 몸을 실어 보리라. 섬에서 올라와 전철을 탔다. 사방을 둘러보니 사람들은 예언을 비켜 가려고 바쁘게 살아간다. 플랫폼으로 들어오는 기차처럼 강변역 주변엔 한 평 남짓한 컨테이너들이 꼬리를 물었다. 컨테이너의 문짝을 빨강과 파랑으로 선팅한 문구가 또 내 발목을 잡는다. 습관처럼 머뭇거린다. 슬며시 입꼬리가 올라간다. '올해 운세는 만 원, 평생 운세는 삼만 원' 머릿속에 물음표가 돈다.

봄날의 꽃비하고도 조잘거리는 내가, 남편은 말이 없고 사계가 겨울이라서 좋아하지 않았던가. 그런데 뭘 더 기웃대고 있는 건지…. 싱싱한 제주산 갈치 한 마리가 삼만 원이라는 광고가 눈에 들어온다. 남편이 좋아하는 갈치와 바꾸려 마트 에스컬레이터에 발을 올린다.

---

* 무꾸리 : 무당이나 판수에게 가서 길흉을 알아보거나 무당이나 판수가 길흉을 점침.

쓰는 일

 글을 쓰는 건 가면을 벗는 일이지요. 어쩌면 또 다른 가면을 쓰는 작업인지도 모릅니다. 가면을 벗기 위해 책상에 앉았습니다. 혼자 벗는 일은 버겁기만 합니다. 그저 마음만 급할 뿐, 책상에 앉은 것으로 위안을 얻습니다.

 자주 올랐던 오름도 여러 개의 가면을 쓰고 있었습니다. 만물이 소생하는 봄이 그랬습니다. 겨우내 잠들었던 봄의 전령사가 언 땅에서 고개를 내밀자 봄은 들꽃들의 세상이었죠. 속살을 드러낸 나목들이 옷을 입기 시작하면, 꽃들은 동면의 침묵을 깨고 봄의 왈츠를 추었습니다. 한동안은 사람들한테 밟힐세라 작은 몸을 웅크린 꽃들입니다. 생명의 소중함을 알리려고 안간힘을 쓰는 모습에 내 안에서는 탈바꿈의 알람이 울렸습니다.

오름은 봄 동안, 초록 세상을 준비했어요. 시원한 그늘을 만드느라 분주했지요. 계절이 바뀌려고 비와 천둥이 엄포를 놓기도 했지만, 생명은 아랑곳하지 않았습니다. 한차례 소낙비가 내리고 나면 초록은 말간 얼굴로 세상에 푸른 빛을 더했습니다. 포동포동 살이 찌고 키도 자라 신과의 접촉을 시도했어요.

내 얼굴을 가린 가면의 반쪽이 벗겨지는 순간입니다. 중심을 잃은 듯 세상이 뿌옇게 보입니다. 되레 얼굴을 가렸던 그때가 더 선명했던 것 같습니다. 어제는 비가 내리고 천둥이 치는 바람에 종일 번민했습니다. 몇 번이나 혼란스러운 마음을 꺼내 백지 위에 끄적였습니다. 하지만 내 안의 나는 더 깊이 숨어서 나오질 않았습니다.

바람을 등지고 곡선을 그리는 억새의 모습은 한 마리의 황룡이 춤을 추는 것 같습니다. 한쪽에서는 세상을 먹여 살릴 열매와 과실의 속 차는 소리가 분주합니다. 어느새 짙은 화장을 끝낸 나뭇잎들도 밤새 연서를 쓴 모양입니다. 붉은빛이 더 선명해진 걸 보면요. 곧 있을 축제가 기대됩니다.

오름은 봄, 여름 그리고 가을에 입었던 옷을 훌훌 벗어버렸습니다. 한결 몸도, 마음도 가벼워 보입니다. 속살을 드러낸 몸에 숨은 상처가 많습니다. 겨울은 상처를 치유하는 시간이기도 합니다. 백설이 다독다독 나무를 품고 다가올 새날을 노래합니다. 입욕하고 나면 다시 봄을 맞겠지요. 새로운 생명을 탄생시키기 위해 휴식에 들어갑니다.

이제 막 반쪽의 가면이 벗겨지고 있네요. 처음보다 벗는 일은 훨씬 수월합니다. 민낯으로 거울 앞에 섰다가 깜짝 놀라 뒤로 물러나곤 했습니다. 진정 내 얼굴인가 하고요. 또 다른 가면을 쓰고 있는 건 아니겠지요. 설마 벗었다고 착각하는 것도 아닐 겁니다. 어제보다 나은 내일을 추구하고 있었던 게 분명하니까요.

길 위에서 헤매고 있을 때, 누군가 내 손을 잡아 주었다면 더 빨리 벗지 않았을까요. 때론 원치 않은 모습으로 변하기도 하고요. 상처를 입기도 하지만, 인정하고 받아들이는 게 때로는 필요하더라고요. 그래야 마음이 동하는 언어로 내 집을 세울 수 있을 테니까요.

이젠, 여백을 채워야겠습니다. 계절은 이제 막, 겨울의 마지막 관문을 통과했습니다.

이방인

집 앞, 카페에서 하루 중 얼마의 시간을 보낸다. 아름드리 느티나무가 보이는 창가 자리에서 큰언니에게 종종 연락한다. 때마침 햇볕에 자맥질하는 느티나무잎처럼 핸드폰이 부르르 떤다.

"어디니? 카페니?"

핸드폰 렌즈의 초점을 느티나무에 맞춘다. 사진을 언니에게 보내며 뉴욕의 가을 색을 묻는다. 뜬금없는 답장이 온다. 말러리안(말러에 미친사람)이 돼가는 중이란다. 거친 숨을 고르고 링에 올라온 나에게 언니가 훅을 날린다. 이에 질세라 '조경란'의 소설에 빠져 허우적대는 중, 가벼운 잽으로 맞대응한다. 언니와 문자를 주고받다 보니 오래전 기억이 나뭇잎 사이로 물결쳐 온다.

  삼십 년 전, 언니는 미국으로 건너갔다. 지금도 그곳에서 각국 인종과 부대끼며 산다. 오스트리아인 속에서는 보헤미안으로, 독일인 사이에서는 오스트리아인으로, 세계인 속에서는 유대인이라며 죽을 때까지 이방인으로 산 말러처럼 말이다.
  언제였을까. 삶과 죽음의 선상을 오가며 자신의 영혼을 음률로 표현한 말러의 교향곡을 듣던 게 말이다. 나뭇가지에 하나 남은 마지막 잎새처럼 외롭고 고독한 때가 언니에게도 있었다. 한동안 말러의 음악 세계는 이해하기 힘들다며 듣지 않는다고 했다. 그러던 게 얼마 전이었다. 뿌리내리지 못하는 말러처럼 여전히 그리 사는 건 아니겠지. 오래전, 내게 들려준 언니의 이야기를 떠올렸다.

"광화문의 네거리는 젊은이들의 함성으로 메우고 있었어. 매캐한 최루 내음에 나는 눈을 뜰 수 없었어. 뿌연 연기 때문에 바로 앞이 안 보일 정도로 눈이 흐릿했어. 대학생들은 곤봉 든 전투경찰을 피해 숨을 곳을 찾아서 흩어져 내 달리고 있었어. 그 순간 피범벅 된 채로 방망이를 든 전투경찰에게 질질 끌려가는 남학생을 보았어. 그 광경을 보다 아차! 싶어 나도 숨을 곳을 찾아야 한다고 생각했지. 무작정 뛰어 들어간 곳이, 명동의 클래식 음악다방이었어. 그곳은 이방인처럼 밖의 세상과 단절된 모습을 하고 있었지. 그 안은 고요했어. 스피커에서는 「베토벤의 피아노 소나타, 월광 1악장」이 흐르고 있었어. 문을 두고 둘로 나뉜 남과 북처럼 그렇게 안과 밖은 다른 세상이었어. 나도 모르게 이념을 달리 한 이방인이 되었지."

푸념하듯 종종 언니가 뱉던 옛이야기다. 그 무렵 언니는 기숙사에서 지내다가 주말이면 먹을 걸 사 들고 집에 오곤 했다. 때론 비싼 클래식 음반을 들고 오기도 했다. 당시 집에는 아버지가 쓰던 오래된 턴테이블이 있었다. 그때마다 언니는 수십 번 반복해서 음악을 들었다. 그리곤 초등학교 4학년인 내게, 알아듣지도 못하는 사르트르와 카뮈에 관해 장황하게 늘어놓았다. 나는 그때 철이 들었을까, 버거운 한숨을 쉬곤 했다.

여름방학이 끝나갈 즈음, 언니는 상도동 고 씨네 책방

에서 알베르 카뮈의 《이방인》이란 책을 내게 선물했다. 그 책을 여러 번 정독했다고 하여 카뮈를 쉽게 좋아할 순 없었다. 주인공 '뫼르소'가 왜 살인을 저질렀는지, 사유하기까지 오래 걸렸다. '삶에 대한 절망 없이는 삶에 대한 사랑도 없다.'라고 말한 카뮈를 나는 이해하지 못했다. 현재도 카뮈가 말한 절망이나 사랑 안에 있지 않다. 여태 치열하게 삶을 살지 않고 있다. 밖에서 일어나는 일에 나는, 방관자의 눈으로 바라보고 있다.

  누군가가 내게 묻는다. '당신의 가을은 무슨 색인가요?' 라고, 나는 회색이라고 담담하게 말한다. 나는 아직도 만추에 서툰 이방인이다.

탈탈탈

어느 해 무더운 여름날에 한 작가를 만났습니다. 나는 그녀의 수더분한 입에 담긴 진실을 받아들이기가 불편했습니다. 속사포처럼 내뱉던 그녀의 말은 마치 뙤약볕에 달궈진 내 정수리에 얼음물을 퍼붓는 것 같았어요. 그래서 종일 툇마루 밑에 숨어든 어둠처럼 밤이 오길 기다렸지요.

그녀는 내게 좀 더 진솔하게, 한 자나 더 깊게 성찰하라고 하더군요. 그 순간 겁에 질린 공벌레처럼 그녀에게 탈탈 털린 채로 몸을 오도카니 말고 있었어요. 매너리즘에 빠져 허우적거렸어요. 그녀가 말하는 세계에 발도 들여놓지 못했는데 말입니다.

사정없이 변두리로 밀려난 글들을 버리지도, 간직하지도 못한 채 말이죠. 언젠가는 나도 속을 탈탈 쏟아내고 싶었습니다. 그녀처럼 독자에게 울림을 주리라 그런 날들이 올 것이라 믿었습니다. 그게 착각이었을까요? 그렇다면 그동안 실성한 척 능청스럽게 탈을 쓰고 살았던 게 분명했습니다. 왜 나만 모르고 있었을까요?

톱니바퀴처럼 내 삶도 잘 굴러간다고 생각했어요. 수시로 탈을 바꿔 쓰고 진실을 노래했지요. 글이란 모방에서 시작한다며, 그렇게 남의 삶을 엿보면서도 배탈 한번 없이 여기까지 왔습니다. 내가 생각해도 신기할 정도죠. 이도 복이라 할 수 있을까요. 나름대로 자화자찬하며 잘 살았는데…. 하회탈 하나쯤 상으로 주고 싶다고 당당하게 스스로 어깨를 으쓱하곤 했으니까요.

그러던 어느 날, 작가라는 그녀가 탈바가지 쓴 나를 보고 넌덜머리가 난다며 찬물을 끼얹더군요. 나는 써 보지도, 벗지도 못한 탈이 많은데 말입니다. 그 말에 발탈 춤이나 추다가 지치고 마는 글 나부랭이를 보고 있노라니 괜스레 슬퍼지네요.

흩어진 글 조각들을 휴지통 속에서 꺼냈습니다. 욕망

에 눈이 멀어 부네 탈을 뒤집어쓰고 치마 벗는 일은 없어야 할 것 같아 맞춰봅니다. 그리 지내다 보면 언젠가 속울음을 토할 수 있는 날이 오겠지요. 탈속에 숨겨진 흉터가 진실이 되는 날이요. 설마 방상시 탈 쓰고 추는 춤사위를 받는 날은 아니겠지요?

03

거짓말, 거짓말

꽃 노래

나는 왕이로소이다

수제비를 끓이며

씨감자

어머니와 고사리

와불

장기 한판

평상에서

현악 5중주

거짓말, 거짓말

뭍에 계신 어머니를 뵙고 오는 길이다. 여느 때처럼 운전석에 앉아 USB에 담긴 음악을 켠다. 가수 '이적'의 〈거짓말, 거짓말〉이란 곡이 차 안의 공기를 혼탁하게 만든다.

"다시 돌아올 거라고 했잖아/ 잠깐이면 될 거라고 했잖아/ 거짓말, 거짓말, 거짓말~~"

나도, 남동생도 오래 걸리지 않을 거라며 어린아이처럼 보채는 어머니를 달랜 게 두어 달 전이다. 요양원으로 간 어머니는 새로운 생활에 적응하지 못했다. 면회할 때마다 언제 집으로 갈 수 있는지를 되물었다. 동생의 처지를 알기에 간절한 눈빛으로만 어머니께 속내를 드러냈다.

동생 집은 어머니가 계신 요양원에서 버스로 한 정거장쯤 떨어진 곳에 있다. 삼십 평 남짓한 빌라에서 다섯 식구가 살고 있다. 조카들은 사회 초년생이 될 때까지도 자기만의 방을 갖지 못했다. 그런 이유로 불협화음이 일렁이면 동생은 숨을 곳이 마땅찮았다. 한집의 가장이 한없이 초라해지는 모습을 생각할 때마다 어깨가 묵직했다. 누이로서 동생에게 고맙고 미안했다. 어머니를 뵙고 온 그날도 동생 집에 들렀다. 마중 나온 동생의 숨소리가 거칠고 깊었다.

"누나! 먼저 들어가요. 옥상에서 담배 한 대 피우고 갈게요."

동생은 현관의 비밀번호를 눌러 주곤 계단에 발을 디뎠다. 한마디 말이 목구멍까지 차오르는 걸 간신히 참았다. 보약도 아닌 걸 그만 끊으라고 뒤통수에다 소리 지를 뻔했다. 하지만 그 심정을 모르지 않기에 얼른 말을 삼켰다.

현관문이 열리자 금방 이삿짐을 푼 집처럼 어수선했다. 어느 방에선가 나온 옷가지들이 거실 한가운데에 산더미처럼 쌓여 있다. 찬찬히 둘러보니 며칠 전까지 어머니가 쓰던 물건과 입던 옷, 덥던 이불들이다. 옷 무더기 속에 뱀처럼 똬리를 튼 올케가 나를 보더니 당황해하면서도 반갑다고 고개를 끄덕였다. 그 모습이 어색하고 낯설었다. 마치 이곳에 있으면 절대 안 되는 물건들을 고르듯 연신 올케의 손놀림은 분주했다.

어머니 방에 온전히 있어야 할 것들이 끝없이 재활용 봉투로 들어갔다. 육식 동물이 초식 동물을 꾸역꾸역 입으로 처넣는 것 같았다. 눈앞의 상황을 보고 있노라니 심장이 요동쳤다. 나는 겁에 질려 심장을 움켜쥐었다. 동생에게 서운함보다 배신감이 들었다. 귀띔이라도 해 주었다면 오지 않았을 텐데…. 아니, 내가 동생에게 미리 전화했더라면 마음의 준비는 했을 터인데…. 감정이 쉽게 가라앉지 않았다.

그제야 한숨을 길게 뱉던 동생을 떠올렸다. 지난주만 해도 어머니를 집으로 다시 모시고 싶다고 탄식하던 동생이었다. 나는 동생의 어려움을 나눠야겠다고 생각했다. 어떻게든 짐을 덜어주고 싶었다.

옥상에서 내려온 동생이 건네는 머그잔을 받아서 들었다. 온도가 느껴지지 않는 커피 한 모금을 마셨다. 다

식어버린 커피가 마치 동생에 대한 내 마음을 대변하는 듯했다.

  머그잔을 들고 어머니가 머물렀던 방으로 들어갔다. 아직도 어머니의 온기가 침대에, 작은 경대에, 옷장의 문고리에 남아 있었다. 핼쑥한 얼굴에 작은 보조개를 만들며 웃던 어머니였다. 막내딸이 왔다며 좋아하던 모습이 엊그제였다. 내가 사드린 팥죽색 패딩을 입고 방문을 나가던 모습이 눈에 선했다. 그 순간, 뭐가 그리도 급하냐고 밖을 향해 소리라도 냅다 지르고 싶었.

  지금 모든 책임을 동생에게 떠넘기면 안 된다는 걸 나는 알았다. 서로가 감정을 드러내는 순간 어머니도, 동생도 나는 잃고 말 것이었다. 머릿속에 실타래가 엉킨 것처럼 무거운 두통이 몰려왔다. 진즉, 넓은 평수로 이사하고 싶다 했을 때 도와주지 못한 걸 후회했다. 다음 이사에는 꼭 보태겠다고 설레발치며 시간이 가기만을 기다렸던 내가 어리석었다.

  어느새 공항에서 출발했던 차는 집을 향해 가는 마지막 오르막을 오른다. 오늘따라 아무리 숨을 고르게 쉬어도 체중처럼 자리 잡은 고통의 추는 버겁기만 하다. 어머니를 위해 내가 무엇을 했다고…. 오롯이 동생한테 짐을 지게 했으면서 섭섭했노라고, 잘못했노라고 그럴 자격이 있을까. 내가 이리 괴로운데 동생은 오죽할까, 핸드폰의 단축 번호를 길게 누른다.

"누나야! 나라도 그리했을 거야, 쉬어라." 내심 다른 형제들이 너를 비난하면 바람막이가 되어 주겠노라며 나는 또 거짓말을 보탤 수밖에 없었다.

꽃 노래

 TV를 통해 꽃을 보고서야 봄이 시작되었다는 걸 안다. 아직 서울은 겨울의 잔재로 봄소식이 느리다.

 매화 축제에 동참하고 싶어 경남 양산으로 달려갔다. 원동면 영포리 매화마을 순매원 매화는 서울깍쟁이 아낙네를 기다려 주지 않았다. 그저 입소문에 때를 놓친 사람들이 삼삼오오 길을 오가며 봄날을 노래하고 있었다.
 사군자 중 군자의 덕과 선비의 기품을 나타내는데 으뜸인 매화를 옛 선비들의 그림과 글에서 종종 만난다. 언 땅에 뿌리를 내리고, 수줍은 듯 당차게 피는 걸 보면, 춘고초(春告草)라는 말을 실감한다. 눈 속에서 꽃을 피운다는 매화의 암향은 사람들을 매료시킨다. 인내, 고결한 마음이라는 꽃말은 순결한 처녀를 비유한다. 꽃잎으로 행운과 운수를 보았다는 설화도 있으니 봄을 대표하는 꽃이다.

매화는 일곱 종류가 있다는데 나는 그중에서도 백매, 홍매, 황매를 여인의 사랑에 비유한다. 백매를 볼 때마다 갓 시집온 내가 겹친다. 백매처럼 희고 수줍음이 한창일 때, 볼에 연지곤지를 찍고 백년가약을 맺었다. 결혼해 남편에게 철부지라는 소리를 수없이 들었다.

남편은 종종 나를 '아가'라 부르며 놀리기도 했다. 그 말에 괜스레 얼굴이 발개지면서 심통을 부렸다. 남편은 보채는 어린아이 달래듯 나를 자주 밖으로 데리고 나갔다. 하지만 항상 어머님과 함께였다. 그럴 때마다 섭섭한 마음은 잊은 채 철없는 어린아이로 돌아가곤 했으니 나름 순수한 시절이었다.

첫딸을 낳고 시댁의 문화에 조금씩 적응할 즈음은 붉은 홍매처럼 익어갔다. 손이 귀한 집에 들어온 탓에 처음에는 마음이 척박했다. 그런 내게, 든든한 바람막이가 되어 준 남편을 존경했다. 명절이 아니더라도 어머님은 집안의 대소사를 결정할 때면 돌아가신 아버님 묘를 찾아 산에 올랐다. 그때마다 어머님은 눈물을 훔쳤다.

오래전에 어머님을 모시고 갑사에 다녀온 적이 있다. 긴긴 겨울을 이기고, 푸릇한 잎과 함께 핀 황매가 일주문을 지나 경내로 가는 길에 만발했다. 일찍이 홀로된 어머님은 아들에 대한 애정이 각별했다. 나 몰래 남편의 팔짱을 끼다가 눈이 나와 마주치기라도 하면 겸연쩍게 웃으며 슬그머니 팔을 뺐다.

어머님은 어떤 마음으로 그리 웃었는지 알 수 없었다. 내게 미안해서였는지 아니면, 내 속을 태울 심사였는지 짐작하기 어려웠다. 어머님을 모시고 여행할 때면 남편은 아들 역할에만 충실했다. 내내 그런 기억만 남아 애를 태웠다. 어머님이 가고 난 뒤 생각하니 아무 일도 아니었다.

그땐, 어머님을 여자로 생각했던 것 같다. 아이가 생기고, 키워보니 애틋한 존재가 자식이라는 걸 뒤늦게 알았다. 나의 옹졸한 마음도 조금씩 줄어들었다. 매화를 좋아한 어머님이 떠난 지 십 년째 접어들었다. 남편은 어머님 산소에 홍매화와 청매화를 몇 그루 심었다. 어머님의 그리워하는 남편의 선물이라 생각했다.

황매화의 꽃말은 굴곡을 다 겪은 숭고한 사랑이라고

한다. 이젠, 모든 게 조심스럽다. 우리는 이제 함께 건너야 할 인생의 고비가 남았다. 황매화처럼 농익은 빛을, 숭고한 결혼 생활을 이어가려면 어찌해야 할지 오히려 이젠 어머님께 묻고 싶다.

그날, 차고지로 돌아가는 길에 꽃비가 내렸다. 발걸음이 구름 위를 걷는 것처럼 한결 가벼웠다. 잘 살아야겠다고 생각했다. 사는 게 버겁고 앞으로 남은 날을 기약하기 힘들지만, 그런 마음이 절실했다. 남편을 위해 미나리 초무침을 해 주려고 미나리와 딸기를 샀다. 이해인의 〈매화 옆에서〉란 시가 생각났다.

해마다/ 첫사랑의 애틋함으로/ 제일 먼저 매화 끝에/ 피어나는 나의 봄/

살아갈수록 겨울은 길고/ 봄이 짧더라도 열심히 살 거란다/

그래, 알고 있어/ 편하게만 살 순 없지/ 매화도 내게 그렇게 말했단다.

나는 왕이로소이다

 몇 년 전, 세상은 바이러스로 인해 뒤숭숭했다. 그런 까닭에 집안 모임도 적조하던 터였다. 이번 명절에 따뜻한 밥 한 끼 대접할 요량으로 사촌들한테까지 연통을 넣었다.

 어머님의 단골 방앗간에 갔다. 송편을 한 말이 아닌, 반말 주문했다. 어머님이 살아계셨다면 '나 원 참, 그리 손이 작아서 어째, 쯧쯧.' 혀를 차며 등 뒤에서 흉봤을 게 뻔했다. 그래서일까, 뒤통수가 화끈거렸다. 어머님은 생전에 쌀 10kg을 불려 방앗간에 가곤 했다. 그때마다 따라나선 내게 하던 말이 기억난다. "한 바퀴 시장에 돌고 올 테니 잘 지켜라." 그 말씀만 남기곤 총총히 골목을 빠져나갔다.

　나는 유월에 결혼했다. 그해 추석, 난생처음 차례상에서 쓸 놋그릇을 닦았다. 내 어릴 적 종교는 기독교라 놋그릇을 닦아 본 경험이 없었다. 유교식 상차림을 한 번도 본 적 없는지라 여간 생경한 게 아니었다. 결혼 후 첫 명절을 치르고, 이듬해 설은 작은어머니께서 담당하던 일을 내가 맡게 되었다. 그건 조상님께 올리는 메를 수북이 주발에 담거나, 삼색전을 제기에 탑 모양으로 얌전하게 쌓는 상차림이다. 조금만 어긋나도 무너지기 일쑤인 밤이나 대추도 원뿔 모형처럼 뾰족하게 쌓아야 하고, 게다가 바닥에 떨어진 음식은 다시 올릴 수 없었으니 초보자인 나로서는 쉽지 않았다. 그러니 실수를 염려해 음식을 배로 준비해야만 했다. 고단한 날들이었다.

　과일은 홍동백서라 하여 색깔 따라 자리 잡아 홀수로 괴고, 조기나 북어포의 머리는 동쪽으로 놓았다. 삼년상을 기준으로 수저의 안팎을 구분해 메를 담은 주발에 꽂았다. 조상께 올릴 술잔은 몇 번, 어느 방향으로 돌리는지 익혀야 했다. 모든 의식이 끝나면 음식을 조금씩 걷어 담아 문밖에 내놓는 것도 일이었다. 소소한 것까지 익숙해지기까지는 여러 해가 지났다.

어머님은 기제사, 차례상에 올린 술이나 음식을 남편에게 허락했지만, 메만은 예외였다. 조상께 올린 메는 남편에게 권하지 않았다. 매번 남편의 밥을 번거롭게 따로 지었다. 그 이유를 물으니, 어머님의 어머님께서 그러셨단다. 그러니 당신도 따르는 게 당연하다고 했다. 새댁이라 꼬치꼬치 물을 수도 내 의견을 말할 수도 없었다.

더 많은 날이 지났어도 조상님께 올린 메를 남편이 먹지 않은 이유를 나는 알지 못한다. 이젠 궁금하지 않다. 차례상을 물리는데 손위 시누가 말을 건넸다.

"올케! 아범 밥은 따로 했지?"

"아니요. 조상님께 올린 메, 먹으라고 하세요."

안주인이 바뀌었으니, 방식도 달라져야 한다고 생각했다. 이젠 집 안에 큰 어른이 된 작은어머니를 중심으로 교자상에 둘러앉으니 스무 명이나 됐다. 퇴주잔에 담긴 술을 한 모금씩 나눈 자리에서 나는, 명절과 제삿날 상차림을 간소화해야 한다고 입을 뗐다.

조상님을 모신다는 명분으로 집안 여인들이 고단하게 살지 않았던가. 최소의 격식으로 최대의 효과를 내면 될 일 아닌가. 이참에 집안 대소사를 내 체제로 바꿔야 한다고 마음먹은 터였다. 속내를 드러낸다면 반발을 피할 수 없었기에 슬쩍 '종갓집 맏이'라는 단어에 힘을 실으며 누에고치에서 명주실 뽑듯, 하고 싶은 말을 쏟아냈다.

고조와 증조의 기제사는 '부'가 돌아가신 날로 몰아 지내자는 의견을 내놓았다. 상에 올리는 나물은 저렴하고 잘 먹는 나물로 대신하자고 주장했다. 부치거나 튀긴 음식은 최소한으로 준비하는 게 합리적이라고 말했다. 기제사 때 올리는 편(片)도 산 사람 위주로, 잘 먹는 것으로 하는 게 낫다고 덧붙였다. 성못길에는 약주와 포만 가지고 갔으면 좋겠다고 고삐 풀린 망아지처럼 늘어놓았다. 내 말이 끝나길 기다렸다는 듯, 작은어머니께서 젓가락을 상에 놓으며 쇳소리를 냈다.

"어멈 마음대로 하고 싶은거야?"

겉치레를 생략하자는 게 되레 작은어머니의 심기를 건드린 꼴이 되고 말았다. 마음이 우선이란 것에 방점을 두고 정중하게 말했으나, 누가 들어봐도 의논이 아닌, 일방적 통보처럼 들린 게 분명했다. 이젠 내 방식을 고수해도 되겠다는 착각에 흥분한 것이다. 그날 모인 친지들은 밥을 먹다 말고 수저를 놓았다. 명절 아침부터 식탁에서 부적절한 화제를 제공한 나 역시도 입맛을 잃어

버리긴 마찬가지였다.

한동안 침묵이 흘렀다. 북극의 빙하처럼 차가워진 공기를 바꾸려 조상님께 올렸던 술을 사촌들에게 남편이 권했다. 냉랭한 분위기는 끝날 기미가 보이지 않았다. 모두 꿀 먹은 벙어리가 된 채, 작은어머니와 내 눈치만 살피다 집으로 돌아갔다. 오랜만에 모인 일가친지를 그리 보내니 남편과 나 사이에 골바람이 일었다.

한마디 언질도 주지 않은 채 멋대로 행동한 나를 바라보는 남편의 눈빛은 원망으로 가득 차 있었다. 나도 피장파장이었다. 마중물이 돼 주리라 믿은 남편이었다. 붙잡고 말한들 달라질 게 없다는 걸 알기에 채근하진 않았다. 남편은 입을 닫은 채 안방으로 들어갔다. 나도 저녁때까지 먹을 커피를 들고 서재 문을 닫았다.

단체 톡 방에는 쉼 없이 "카톡"이 올라갔다. 누렇게 익은 논과 가을걷이에 허수아비를 비추는 만월 사진과 그림들이 화면을 도배했다. 벼처럼 넘실거리는 이야기도 줄줄이 날아들었다. "오늘 밤, 달님께 소원 빌어요." "풍성한 한가위 보내세요." 나도 덩달아 폰에 저장된 하트를 보내기 시작했다. "○○ 님도요." 신나게 장단 맞추다가 '풍성한'이란 문자에 마음이 풀렸다. '오늘 그리해야만 했니?' 그런 우문현답에 엄지손가락으로 내 핸드폰의 사진을 쓸어내렸다. 창을 가득 채운 달이 낮에 일던 파문을 다 품은 것처럼 불룩했다. 집안 공기도 푸근했다. 종일 방에 틀어박혀 있다가 나오면서 남편이 중얼거렸다.

"무엇을 바꾼다고 시끄럽게 떠드는지, 내가 발등을 찍었지."

듣자니 틀린 말도 아니었다. 정해진 임기가 없는 안방 주인 아니던가. 숨 쉬는 동안 정신이 혼미해질 때까지 앉을 수 있는 권좌이거늘 그리 조바심을 냈단 말인가. 호랑이 없는 골에 토끼가 왕 노릇하고 싶어서 소리쳐 본 걸까?

"이참에 바꿔보던가?"

나도 남편에게 한껏 어깃장을 놓았다.

수제비를 끓이며

 유리알처럼 투명한 하늘에 갑자기 구름이 조연으로 등장한다. 곧이어 빗방울이 날을 세우고 땅에 꽂힌다. 빗줄기는 시원한 난타로 이어지고 초록 생명의 춤사위가 흥을 보탠다. 절로 어깨가 들썩인다. 비가 불러온 감흥 속에서 불쑥 생각나는 게 수제비다.
 점심으로 수제비가 제격이겠다. 담백한 수제비 맛을 내는 데는 멸치만 한 게 없다. 정월에 사 놓은 다시 멸치가 있어 한 주먹 정도 식탁에 펼친다. 내장 떼어낸 멸치를 노릇하게 볶다가 다시마 한 조각을 넣고 물을 붓는다. 구수한 냄새가 우러나기 시작하면 준비한 밀가루 반죽을 한 번 더 치댄다. 펄펄 끓는 육수에 한입 크기로 반죽을 떼어 넣는다. 유월에 산딸나무 꽃잎처럼 하얀 덩어리가 둥둥, 유년의 추억도 덩달아 보글보글 떠오른다.

상도동과 봉천동을 잇는 곳을 마을 사람들은 봉천고개라 불렀다. 굽잇길 따라 오른 언덕배기에는 불그스레한 벽돌집이 마을의 터줏대감인 양 자리했다. 붉은 담과 어깨동무한 바다색 양철 대문의 빗장을 풀면, 햇살 한 줌이 등나무 가지 사이로 쏟아져 내렸다. 볕이 놀다 간 자리에 한바탕 장대비가 쏟아지는 날, 아버지는 큰 양은그릇을 들고 마루로 나왔다. 곧이어 까맣게 그을린 아버지 손이 가루 속에서 춤을 추었다. 이내 앙상한 아버지의 다리 위로 가루가 마른 안개꽃처럼 내려앉았다.

아버지는 수제비 반죽을 다루는 데 서툴렀다. 밀대로 밀고 칼로 쓱쓱 베어 건더기를 만들곤 했다. 어느새 두툼하던 반죽은 하늘하늘한 어머니의 고쟁이처럼 얇아지고 끈기가 생겼다. 아궁이에 걸린 솥에서 우러난 바다 냄새가 등나무꽃을 휘감으며 앞마당까지 나왔다. 진간장에 청양고추를 잘게 다지고, 고춧가루를 넣어 양념장을 만들었다. 싱건지와 겨우내 먹던 칼칼한 묵은김치가 상에 올라왔다. 비가 오는 날이면 등나무 아래 앉아서 종종 수제비를 먹었다.

수제비 반죽은 아버지가 집에 머물면서부터 시작되었다. 기침병으로 일찍 예편한 아버지는, 군에서 받은 연금으로 상도동 일대에 땅을 매입했다. 매입한 부지에 집 짓는 사업을 시작했다. 하지만 아버지는 오랫동안 군에 있었던 터라 세상 물정에는 어두웠다. 네모지고 텁텁한 건빵처럼 기교 없고 건조한 아버지였다.

쨍쨍한 하늘에 먹구름만 스쳐도 현장 사람들은 공사판에 옹기종기 모여 앉아 술판을 벌였다. 우여곡절 끝에 집을 짓지도 못한 채, 가졌던 땅을 헐값으로 넘길 수밖에 없었다. 술 냄새만 맡아도 얼굴이 빨개지던 아버지가 어머니를 대신하여 집에 머무르게 되었다. 내 유년 시절에 수제비는 가난의 꼬리표였다. 그래서였을까. 한동안 나는 수제비를 먹지 않았다.

그해 겨울, 한창 일할 나이에 아버지는 지인에게 통장 일을 제안받았다. 새마을 운동이 한창이던 그 시절 나라에서는 영세민을 대상으로 밀가루를 보급했다. 매월 초하루 아침이면 잘살아 보자는 새마을 노래가 고샅을 기웃거리는 물안개처럼 동네를 휘감았다. 오전 한나절이면 아버지는 동사무소에서 가져온 일을 마치는 데 충분

했다. 매양 일이 끝나는 대로 마른 몸을 벽에 동그마니 기댄 채, 러시아 고전을 즐겨 읽었다.

희망 사항처럼 무인武人으로 사는 삶보다는 문인文人이 되고 싶다던 아버지였다. '도스토옙스키'의 《죄와 벌》을 몇 장이나 넘겼을까, 그 사이에 책이 "툭" 방바닥에 떨어졌다. 반나절만 하는 통장 일조차도 버거워했다. 그런 아버지가 예편 후에 다시 현장에서의 일을 택했다. 당신의 감정을 돌볼 여유도 없이 어머니를 대신해 가정을 살펴야 했으니 말이다.

아버지가 끓여주던 수제비를 가난한 음식이라고 찡얼거리며 숟가락을 밀어버린 게 나였다. 때 쓰는 나를 달래려 머리를 쓰다듬고, 등을 토닥이던 아버지의 손길, 그 눈빛이 그립다. 비가 오는 날이면 수제비 반죽을 하던 당신, 큰 솥을 부엌에서 들고나오는 아버지가 그려진다. 마당을 뱅뱅 돌며 흘러가던 빗물 소리도 들린다. 달그락거리던 숟가락 부딪힘도 공명처럼 퍼진다. 빗물을 촉촉하게 머금은 등나무 아래, 수제비를 먹는 가족의 모습이 환영처럼 스친다. 그날 이후로 수제비는 유년 시절을 대표하는 하나의 이미지가 되었다.

팔팔 끓는 수제비에 어슷어슷 썬 호박을 한 움큼 넣는다. 아버지의 반죽처럼 나탈거리지 않아선지 건더기가 둥둥 떠오르는 게 덜하다. 하지만 그때나 지금이나 냄새만은 입맛을 당긴다. 밭에서 막 딴 청양고추가 아니라 칼칼한 맛이 덜한 게 아쉽다. 남편과 딸은 나의 수제비 서사를 아는지 모르는지 연신 숟가락질로 바쁘다.

어느새 비가 그쳤다. 빗물 머금은 나무의 초록이 더 짙어진 걸 보니 계절도 깊을 대로 깊었다. 아버지의 수제비는 매번 유년의 삽화로 기억의 페이지를 넉넉하게 채운다.

씨감자

 어둠을 밝히는 별꽃인 양 새벽녘, 꽃망울이 터졌다. 살포시 하얀 얼굴을 드러냈다.

 감자꽃이 피기 시작할 무렵, 평생에 딱 한 번 주어진 옷을 입고 어머니는 오랜 침묵 속에 잠겼다. 희고 고운 피부에 쌍꺼풀 없는 옴팡눈, 높고 반듯한 코, 가지런하지만 약간 도드라진 치아를 가진 분이 내 어머니다. 장의사가 백발을 한 가닥 한 가닥 정성스럽게 빗질한다. 립스틱으로 푸른 입술에 동백 꽃잎을 그린다. 그제야 먼 길 떠날 채비가 끝났다.

 찬바람 스밀세라 자식들이 누워계신 어머니를 촘촘히 에워싼다. 저마다 어머니의 곁으로 다가가 벚꽃처럼 화사한 뺨에 볼을 비빈다. 나는 어머니의 이마에 얼굴을 포개며 생전에 하지 못한 말을 읊조린다. "어머니의 딸로 태어나서 행복했어요." 어머니를 보내드린 오월에 오슬오슬 한기가 몸에 서렸다.

구순을 넘긴 어머니는 몇 번의 고비를 맞고도 건강했다. 동생 내외가 직장에 가면 집안 이곳저곳을 손수 살폈다. 단 하루도 빠지지 않고 노인 복지회관에도 다녔다. 그러다가 발을 접질리는 바람에 병원을 몇 번 출입하게 되었다. 그 후 어린아이처럼 바깥에 나가는 걸 두려워했다. 밀물처럼 어머니의 겨울이 찾아든 게 그때부터였는지도 모르겠다. 날로 약해지는 걸 보면서도 나는 어머니의 계절이 늦가을에만 머물기를 바랐다.

평안남도 안주가 고향인 어머니는 당신의 외조모와 부모님, 여동생 둘, 이렇게 가족이 여섯이었다. 당시 만주에서 독립운동하는 외할아버지와 연락이 닿지 않자, 식솔을 이끌고 만주로 이주했다. 그때 어머니 나이 열다섯이었다. 해방되고 고향으로 돌아왔지만, 6·25 사변으로 학교도, 병원도, 관공서도 부산으로 옮겨간 뒤였다.

당시 수도 국군병원에서 타이피스트로 일했던 어머니

도 피난길에 올랐다. 병원에서 내준 군용 트럭을 타고 부모님과 동생들을 데리고 떠났다. 조모를 따라 집안의 대소사를 같이 돌봐야 하는 맏딸이었다. 하지만 번듯한 혼처 자리를 마다하고 조실부모한 아버지와 결혼했다. 군인이던 아버지의 직업 때문에 살림집을 자주 옮겨 다녔다. 아버지는 지병으로 일찍 예편하고 사업에 뛰어들었는데 사기를 당했다. 살림을 일으키려고 어머니는 세상과 마주했다. 그때 나이 마흔이었다.

어머니는 미군 PX에서 나온 물건을 팔았다. 그 일은 임시변통에 불과했던 터라 가족의 생계를 책임지기에는 턱없이 부족했으므로 보험 외판원 일을 시작했다. 아침마다 서둘러 나섰지만, 집으로 돌아오는 발걸음은 무겁기만 했다. 도드라진 앞니가 보일까 크게 웃지 않던 어머니였다. 남에게 아쉬운 소린들 하기 쉬웠을까. 늦은 저녁이면 삼십 촉 전등불 아래 앉아 자식들의 터진 옷 솔기를 기웠다. 밤새 기침병 앓는 아버지까지 챙기곤 자정이 넘어서야 자리에 눕곤 했다.

어머니는 한 달 동안 일을 해도 아기 주먹만 한 씨감자 한 개 만들지 못했다. 그러니 언감생심 감자 수확은 꿈이나 꿨을까. 보다 못한 아버지가 친지들에게 소식을 전했다. 하지만 아버지도 역부족이었던 걸로 기억한다. 보이지도 만질 수도 없는 상품을 고객에게 설명해야 했으니 말이다. 생각하면 씨감자는 어머니 자신이었다.

한강을 중심으로 아파트가 들어서고 단지 안에 학교도 세워졌다. 신설된 학교는 학생 수가 턱없이 부족했던 터라 배정의 폭을 넓게 잡을 수밖에 없었다. 나도 버스를 두 번이나 갈아타며 중학교에 다녔다.

오월의 어느 날 하굣길, 그날은 유난히도 세상이 밝았다. 단발머리 위로, 하얀 포플린 블라우스 위로, 벚꽃이 대책 없이 흩날렸다. 봄바람에 날아다니는 꽃잎을 따라가다 내 쪽으로 걸어오는 어머니를 보았다. 어림잡아 백 미터 정도 떨어져 있었던 것 같다. 여느 때 같으면 덥석 달려가 안길 나였지만, 그날따라 고개를 숙여 버렸다. 친구들에게 들키면 안 될 비밀을 품은 것처럼, 그 일이 기억 한구석에 웅크리고 남아 있다. 어머니는 나를 보지 못했는지 친구들 옆을 지나갔고, 집으로 오는 내내 마음은 가방 무게만큼이나 무거웠다.

저녁 늦도록 어머니를 기다렸다. 어둠이 그림자를 반쯤 삼켜버렸을 즈음, 어머니가 쇠고기와 양배추 한 통을 사 들고 왔다. 저녁상에는 쇠고기에 양배추 한 통을 다 넣어 자작하게 국물을 낸 일본식 전골이 올라왔다.

"당신, 고모님 댁에 다녀왔구려!"

"네, 고모님께서 일시납을 해 주셨어요."

저녁상을 물리고도, 이부자리를 방바닥에 펴고도, 어머니는 묻지 않았다. 다음 날 내게 도시락을 건넬 때까지도 잘 다녀오라며 등만 토닥였다.

삼십 년 동안 단 한 번도 직장에 결근하지 않은 어머니였다. 보험 일을 하면서 정장 한 벌을 갖추지 못한 어머니였다. 그런 어머니였으니 아버지께 당신의 주장을 펼치는 게 얼마나 힘들었을까. 물건을 정하게 쓰는 건 당연했고, 고장 난 것도 오래 묵혔다가 아버지의 잔소리를 듣고서야 겨우 버렸다.

시대의 어려움에도 어머니는 고등교육을 받았다. 그런데도 당시는 그렇게 사는 게 순리라 생각했던 것 같다. 씨감자는 단단한 대지를 뚫고 올라와 싹을 틔운다. 꽃대를 곧추세워 잎을 살찌우고 꽃을 피운다. 오월에 핀 감자꽃처럼 어머니는 그리 사셨다.

당신이 가시고 난 뒤, 유품을 정리했다. 요양원에 들

어갈 즈음 한번 정리했던 터라 남은 물건은 많지 않았다. 해묵은 책장에는 아버지와 함께 찍은 사진이 액자 속에 담겨 길을 잃은 채 동그마니 놓여 있다. 자식들 결혼사진과 손주들 기념사진을 모아둔 앨범도 보인다. 품 안에 끼고 다녔던 성경책 한 권과 찬송가에는 먼지만 부옇다. 석 자짜리 농 안에는 자식들이 사다 준 새 옷들이 걸려 있다.

 석인성시惜吝成屎 된다는 말을 늘 하면서도 당신은 아끼느라 입지도 않고 고이 모셔둔 내복과 속옷들이 수북하다. 미국서 큰딸이 사 준 버버리 가방의 손잡이가 주인을 떠나보내고 축 늘어졌다. 써 보지도 못한 달러가 가방 안에서 어둠을 덮고 있다. 씨감자가 땅속에 숨어 있다가 이제야 햇빛을 마주한다. 당신은 쭈글쭈글 껍질만 남긴 채 자식들 손에 탐스러운 감자 한 알씩 쥐여 준다.

 오월의 햇살에 이미 쭈그러진 감자 한 알 외로이 시간 속으로 사라진다.

어머니와 고사리

제주에 살면서 생산적인 일없이 씀씀이만 커졌다고 지인에게 말한 적이 있었지요. 용돈이라도 벌었으면 한다고 속내를 보였어요. 그런 내게 지인은 제주도 고사리에 관한 이야기를 들려주었어요. 순간 솔깃하더군요.

콩나물처럼 물만으로도 쑥쑥 자라는 고사리, 비 온 뒤라 제법 탐스러울 거란 생각에 서둘러 집을 나섰지요. 하지만 누군가 먼저 다녀간 흔적만 남았을 뿐, 쉽게 보이지 않았어요. 이곳저곳을 헤매다가 찔레꽃 가시덤불 속에 숨은 굵은 고사리를 보았지요. 순간 몸을 낮췄습니다. 나란히 두 대가 꼿꼿하게 서 있더군요. 또르르 말린 어린잎은 머리를 맞대고 심각한 이야기를 나누는 것 같기도 했어요. 어찌 보면 경건함도 느껴졌고요. 나는 옆에 쪼그리고 앉았습니다. 한참을 들여다보니 오래전 유럽 여행에서 본 밀레의 만종이 생각났습니다. 하루를 마치며 머리 숙여 신께 감사하는 부부의 모습 말입니다.

군인이었던 친정아버지와 타이피스트였던 어머니의 만남은 특별했습니다. 어머니는 첫 만남 때 아버지의 농을 듣고는 멀쩡한 치아를 뽑고 틀니를 하셨답니다. 몇 해 전만 해도 어머니는 아버지 이야기만 나오면 얼굴이 홍조가 되곤 하셨지요. 그런 어머니가 하루가 다르게 거동이 불편하십니다. 얼마 전에는 화장실에서 나오다가 주저앉고 말았어요. 동생 내외는 하루도 편할 날이 없었습니다. 누이로서 못내 미안한 마음이지만 어찌해 볼 도리가 없으니, 애만 탔습니다.

동생이 어머니를 요양원에 모셨으면 했습니다. 정신이 온전한 어머니를 어찌 요양원에 보낸다는 말인가요. 나도 용납하기 어려운데 어머니가 들으면 얼마나 속이 상할까 싶더라고요. 형제는 여럿이지만 다들 사정이 있었어요. 최선은 데일리 케어센터에 다니시는 거였습니다. 그 곳에 자리가 나길 기다리는 동안 형제들이 돌아가며 어머니를 돌보기로 했습니다.

어머니와 고사리

나는 주말마다 어머니의 목욕을 담당했습니다. 매주 서울에 가는 건 쉬운 일이 아니었지요. 좁은 목욕탕에서 어머니의 벗은 몸을 본 순간, 눈물을 주체할 수 없었습니다. 어머니는 모른척하며 거친 손으로 내 얼굴을 닦아 주었어요.

"힘들지? 땀 좀 봐라, 엄마가 기운 차리면 안 와도 돼."

"목욕탕이 좁아 힘드네요. 상도동 로터리에 있던 대중목욕탕 생각나요?"

어머니는 말씀 대신 고개만 끄덕이더군요. 내가 다섯 살 정도 되었을 때로 기억해요. 상도동 언덕배기에 살았던 나는, 한 달에 두어 번 목욕탕에 갔어요. 어머니, 언니들과 함께였어요. 그때는 대중목욕탕에 가는 날을 손꼽아 기다리곤 했으니까요. 어쩌면 목욕 후에 먹은 초코 우유 때문이었는지도 몰라요.

어머니는 딸 셋의 등을 찬찬히 밀어주었어요. 그러고 나면 우리는 어머니 등을 서로 밀겠다고 고집을 피웠지요. 학교도 안 들어간 내가 뭘 할 줄 알겠냐며 빙그레 웃던 어머니의 얼굴이 떠오릅니다. 고사리 같은 손으로 미는 시늉을 했던 것 같아요.

그렇게 젊었던 어머니는 어디 가고 앙상한 나뭇가지

에 다 낡은 가죽옷을 걸친 듯한 어머니가 눈앞에 있었습니다. 어디 하나 성한 곳 없었지만, 어머니의 몸에서는 향기가 났습니다. 목욕을 끝낸 어머니는 꽃단장에 여념이 없었어요. 그런 어머니를 보다가 나는 언제까지 이런 시간을 가질 수 있을지 순간 가슴이 찡했습니다.

주방에서 올케가 지난주에 꺾어 다 준 고사리로 갈치조림을 준비 중이었어요. 냄비 바닥에 삶은 고사리와 무를 깔고, 그 위에 손질한 갈치 몇 토막을 얹었어요. 그리고 귀한 전복도 몇 개 올렸지요. 마지막으로 양념장으로 간을 했습니다. 냄비 안에서는 고사리가 뭉근하게 익어가고 있었어요. 뇌출혈로 후각을 잃은 어머니는 보글보글 끓는 소리를 듣고 궁금한지 살며시 방문을 밀고 있더군요. 나는 어머니께 고사리를 꺾으러 갔다 촐밭에서 길 잃은 이야기를 들려주며 어리광을 부렸습니다.

"그래서 같이 간 사람들 만났어?"

"때마침 할머니들이 삼삼오오 짝을 지어 촐밭을 지나고 있었어요. 빨간 장화를 신고, 주머니가 큰 알록달록한 앞치마를 두르고 며느리 몰래 마실 나왔다고 하더라고요. 그러면서 '고사리가 있는 곳은 며느리에게도 비밀이라며 몸을 낮추고 겸손해야 더 잘 보인다고.' 하는 것이었어요." 난 동행했던 지인을 만나 무사히 집으로 왔다는 이야기를 들려 드렸어요.

어머니는 점심을 들고는 자리에 누웠습니다. 행복한 꿈이라도 꾸는 중인가 봅니다. 얼굴에 미소가 잔잔합니다. 꿈에서 아버지를 만난 건 아닌지, 어쩌면 어머니도 자식을 위해 출밭에 계신 것은 아닐까요. 어머니는 아직도 자식들 생각으로 가득 찬 얼굴입니다. 이별의 아픔이 찾아오기 전에 어머니를 더 보려 합니다. 나는 오늘도 고사리를 꺾으러 씩씩하게 집을 나섭니다.

와불

 어느 해 유월, 남편과 함께 운주사에 있는 와불을 보러 갔다. 절로 가는 길가에 떨어진 이팝나무꽃들이 달리는 차 옆으로 밀려나며 꽃물결을 일으켰다. 새벽부터 서둘렀건만 정오가 훨씬 지나서야 도착했다. 여행을 계획하면 장소나 숙소에 대한 권한은 나에게 있다 보니 지인들은 배려심 많은 남편이라고 칭찬했다. 하지만 남편의 자발적 배려는 책임지지 않겠다는 의중이 담겨 있었다.
 절 입구에 자리한 식당에서 시장기를 달랬다. 비빔밥을 뚝딱 해치우곤 늘어진 배를 부여잡고 엉금엉금 일주문으로 향했다. 두 기둥 사이에 '영구산 운주사'라는 현판을 머리에 이고 있자니, 까르르 웃고 지낸 속세의 젊은 날들이 멀어지는 듯했다.

꽃비가 흐드러지게 날리는 오월 그믐에 함을 받았다. 내가 살던 평내 어귀엔 이팝나무가 많았다. 그날, 지짐이 냄새는 미풍에 실려 온 동네로 퍼졌다. 아들을 둘이나 두었다는 남편의 친구가 함진아비를 자처했다. 남편 친구는 오징어포를 얼굴에 뒤집어쓴 채 당당했다. 함을 팔러 시골구석까지 왔다며 다리가 후들거린다고 너스레를 떨었다.

거실에 있던 오빠는 부리나케 양복 안주머니에 돈봉투를 찔러 넣고는 마을 어귀로 달려갔다. 그러길 삼십여 분이나 지났을까. 오빠는 그들을 어찌어찌 어르고 달래 집 앞까지 끌고 왔지만, 함진아비는 빌라 문턱에서 주저앉았다. 다들 노심초사하던 일이 벌어졌다며 수선을 떨었다. 막내딸이 시집간다며 온 동네를 떠들썩하게 했던 그날이, 벌써 서른 해가 되었다.

층층시하에서 사는 게 뭐 그리 힘들겠냐며 쉽게 생각했다. 하지만 본가로 들어갔을 때는 생각이 완전히 바뀌어버렸다. 내 앞에는 외줄 하나가 걸려 있었고, 양 끄트머리를 잡은 사람은 어머님과 시할머니였다. 나는 그

팽팽한 줄 위에서 곡예사처럼 양쪽을 부지런히 오갔다.

아침이면 어머님은 화투로 그날의 운세를 점쳤다. 어머니의 점괘가 홍싸리 돼지로 떨어진 날은 종일 시할머니는 당신 방에서 구들장만 지키는 신세로 전락했다. 그날은 저녁 내내 어머님이 콧노래로 집안 공기를 바꿨다. 가뭄에 콩 새싹 올라오듯 조용히 지나간 날도 있었지만, 두문불출한 날이 다반사였다. 그래서 허구한 날 머리를 싸맨 건 어머님이었다. 불씨는 아주 작고 사소한 것에서 일곤 했다.

목련꽃이 시절을 다하고 복사꽃이 한창이던 어느 해 봄 끝자락이었다. 그날도 어머님은 영지버섯을 넣어 한 솥 끓인 들통을 놓고 외출했다. 시할머니는 그 많은 물을 잡숫곤 시치미 뚝 떼고 맹물을 부었다. 그리곤 외출한 어머님께 어디 있다 왔느냐며 종주먹을 휘둘렀다. 시할머니의 존재는 일찍이 혼자 된 어머님에겐 산이었다. 넘을 수 있을 것 같지 않았다.

다툼의 근원은 아버님의 부재에서 비롯됐다. 시할머니가 평화를 찾지 못한 건 갑작스레 세상을 등진 아버님 때문이었다. 아버님에 대한 그리움이 어머님을 향한 원망으로 자리 잡은 것이었다.

시할머니께 황당한 말을 들으면서까지 어머님은 왜, 있는 힘을 다해 일어나려고 하지 않았는지 지금도 궁금하다. 내가 본 어머니의 눈빛은 가끔 된서리 내린 새벽 같았다. 말이 아닌 몸짓으로 어머님은 항거했다. 도대체 무엇을 바로 잡고 싶었던 것일까. 결국, 물살은 남편과 나에게까지 이르렀다.

　지인의 소개로 만난 남편을 마음에 둔 결정적 실마리는 황석영의 『장길산』이란 책 때문이었다. 부질없는 호기심이 마음에 불을 지폈다. 말이 많지 않으니 조용하고 신중할 거로 생각했다. 단편이 아닌 전집을 읽는 걸 보면 어떤 일을 해도 진득할 거라 믿었다. 혹여 책 속의 주인공 '길산'처럼 세상을 바꿔보려는 신념이 있다면 자신의 목소리를 낼 거라고도 생각했다. 그런 내 바람의 파동은 오래가지 못했다.

　호빵처럼 빚어 놓은 탑 앞에서 우리는 긴 날숨을 내뱉곤 주위를 둘러본다. 반듯한 모습으로 절에 계셔야 할 부처님이 들판에, 길가에 앉아 있다. 거기에다 얼굴이 없고 몸통만 사방에 흩어진 채다. 부처님 한 분의 얼굴은 균형미가 흐른다. 중생의 마음을 다독이는 듯 흐뭇함이 묻어난다. 그런데도 마음은 동하지 않고 숨 고르기에 여념 없다. 오르는 길에서 목을 축이고 와불로 향한다. 남편과 나는 와불을 사이에 두고 멀찍이 떨어져 있다. 나는 입가에 손을 모아 소리쳤다.

"와불이 일어나는 날, 새로운 세상이 열린다는 말을 믿어요?"

두 여인으로 인해 괴롭고 서운했던 마음을 차곡차곡 볏단처럼 쌓았던 나는, 무엇을 바꾸고 싶어서 여전히 몸부림치는 걸까. 일찍부터 볕이 안 드는 후미진 뒷골목에 시할머니가, 어머님이 있지 않았던가. 그들도 세상을 향해 제대로 한 번, 속 시원하게 토하지 못했다는 것을 알지 않은가. 어머님이 옮기지 못했던 큰 산을, 나도 한때는 안고 살지 않았던가. 나는 어머님이, 어머님의 어머님이 잠재우고 싶었던 걸 부러 세우려 하는 게 아닐까. 나는 당신들과 다르다며, 좀 더 다른 삶을 살고 싶다고 소리치는 건 아닐까.

건너편에 있던 남편이, 들리지 않는다며 내 옆으로 가

까이 왔다.

"당신! 뭐라 했어?"

대답 대신 속으로 외쳤다.

'내 안에도 누워 있는 부처가 살고 있으니 언젠가 꼭 일어날 거야.'

장기 한판

한파와 폭설이 며칠간 계속될 거라는 일기예보다. 두문불출할 남편과 마주 앉아 작은 나무판 위에 희로애락을 그린다.

한의 대륙 통일 이후, 유방이 한신을 감옥에 가뒀을 때, 장기는 간수를 통해 전해졌다는 설이 있다. 한 나라의 유방과 초나라의 항우가 장엄한 자세로 앉은 것처럼, 남편과 나도 거실에 마주 앉는다. 남편은 붉은색의 한漢을, 나는 남색의 초楚를 잡는다. 장기판 위에 수繡를 놓듯, 말들을 신중하게 움직이기 시작한다.

"당신, 연속해서 세 판 지면 내가 포包 떼고 두는 거 알지?" 남편이 선수를 치며 으름장을 놓는다.

나는 궁宮 옆으로 마馬를 포진하는 양귀마를 택한다. 이 상차림은 계속 공격하지 않으면 상대의 공격에 대응하기엔 힘에 부치지만 할 수 없다. 먼저 포包로 이리저리 옮겨 다니며 공격한다. 그러다가 실수한 척하며 내 말 중에 상象을 남편에게 부러 내준다. 남편이 취할 거로 예상했으나 '웬걸' 그냥 지나쳐버리는 게 아닌가. 이미 남편은 내 수數를 다 읽어 버린 게 분명하다. 결국, 세 판 중에 한 판을 지고 말았다.

남편은 포를 하나 떼고 다시 두자 한다. 실력이 모자란 나를 봐주는 척하며 일침을 놓은 것이다. 이 판에 남편은 면상面象 장기를 두려고 말들을 일사불란하게 배치한다. 상象으로 직사각형을 만들며 장기판 위에서 남편의 손가락이 현란하게 움직인다. 선수비 후에 공격하는 면상 장기는, 웬만한 고수가 아니면 쉽게 할 수 없는 포진이다. 남편의 손놀림에 기가 눌린 나는, 초조하다. 웬만큼 이론을 익혔다 해도 실전에서는 여전히 경험이 모자라다.

어디로 가야 할지 좌·우로 눈알을 굴린다. 마치 수전증을 앓는 사람의 손가락 사이에서 장기 말 마馬가 부르르 떤다. 잠시 고민하는 틈을 타 그가 "장이야." 하며 장기판을 내리친다. 나는, 궁宮이 도망갈 곳을 찾아 이리저리 헤맨다. 이미 집 단속을 하는 사士의 부재로 속수무책이다. 내리 두 번을 지고 나니 이번엔 남편이 내 알량한 자존심을 건드린다.

"두나 마나 한 판인데…. 세 판 다 지면 다음엔 포包 대신 차車 떼고 둘 거야."

상도동 언덕 빨간 벽돌담 집에는 폭이 좁고 긴 마당이 있었다. 마당의 모양새는 장기 말 중, 상象이 가는 길을 닮았다. 한여름, 등나무 밑에는 평상이 놓이고 그곳에서는 진검승부가 펼쳐지곤 했다. 퇴역 장교인 아버지와 밤무대에서 클라리넷을 연주하던 이모부의 유일한 놀이는 장기였다.

등나무의 그늘이 마당의 열기를 식히던 그날도 아버지와 이모부는 양반다리를 하고 평상에 앉았다. 이모부는 공격과 방어의 추격전으로 힘겨운 사투를 벌였다. 나는 안타까운 마음에 부엌에서 얼음을 동동 띄운 미숫가루를 내왔다. 조반을 들고 시작한 놀이는 이모부가 직장에 갈 시간이 돼서야 끝났다. 어깨너머로 본 장기판에도 인생이 있다는 걸 그때 알았다. 하지만 아버지가 내게 장기와 바둑을 가르친 속내는 미처 헤아리지 못했다.

아버지는 이기고 지는 걸 마음에 품지 않았다. 장기판을 앞에 놓고 호기심 많은 어린아이처럼 이모부에게 농을 건넸다. 항상 여유가 있었기에 손가락 사이에서 장기 말은 오래 머무르지 않았다.

그와 달리 매번 수마다 이모부의 손끝은 허공을 떠돌며 고심하는 게 역력했다. 장기 말을 놓다가도 한 번만, 물러 달라는 말씀을 밥 먹듯이 하며 머리를 긁적이곤 했다. 그럴 때면 아버지는 목청을 돋우었지만, 이내 이모부에게 슬쩍 묘수를 흘리곤 했다. 그러면 이모부는 때를 놓칠세라 모르는 척하며 위기를 모면하곤 했다. 그렇게 두 분이 서로 멋쩍어하며 웃던 모습이 떠올랐다.

마지막 판은 남편에게 주절주절 쓸데없는 말을 걸어서 교란작전으로 이겨 볼 생각이다.

"여보! 저녁에는 뭐 해서 먹을까?"

"쓸데없는 소리 말고 장기나 둬."

"…."

속내를 들킨 것 같아 얼굴이 화끈거린다. 하지만 그를 혼란스럽게 할 목적으로 나는 자꾸 질문한다. 대답과 수數를 동시에 생각하느라 그의 이마에 살짝 주름이 잡힌다. 좌측에선 내가 친 차장을, 궁 옆에 있던 포로 막아도 우측엔 내 상이 있음을 남편은 안다. 어쩌다 보니 그의 혼란을 틈타 어렵사리 한 판을 이겼다. 그는 세 판 다 이기지 못한 게 못내 아쉬운지 구시렁댔다.

아버지는 사위 중에서도 막냇사위한테 각별했다. 막내는 생각이 복잡하지 않아 좋다고 했다. 그땐 남편을 진중하지 못한 사람으로 여기는 건가 생각했다. 살다 보니 아버지의 말씀이 옳다는 걸 알았다.

아버지는 장기를 둘 때 상대의 성격이, 살아온 세월이 그려진다고 했다. 장기판에서 몇 수나 앞을 내다보던 아버지는, 부러 말을 실수로 놓아 누구에게나 승리의 기쁨을 주곤 했다. 막냇사위는 더 특별했기에 기를 세워주고 싶었으리라. 그도 그땐 장인어른의 깊은 속내를 눈치채지 못했다며 한참 뒤에 알았노라고 했다.

가로 열 줄, 세로 아홉 줄인 장기판에서 상대방을 배려하던 아버지의 모습이 보인다. 남편은 장기판에서 아버지에게 지혜를 배운 모양이다. 다행히도 세 판 중, 한 번은 이기고 두 번은 패했다.

장기를 둘 때, 말을 손에 쥐고 여기로 가야 하나, 저기로 가야 하나 고민할 때가 많다. 어느 쪽으로든 말을 놓는 순간, 승자가 되기도, 패자가 되기도 한다. 단 한 번의 선택으로 두던 판을 갑작스레 접기도 하고, 구사일생으로 살아남는 묘수도 찾아낸다. 아버지의 장기에서 배운 것을 기억한다면 내 삶도 조금이나마 여유롭지 않을까. 이제는 인생의 갈림길에서 그에게 훈수를 청할 수 있으니 이만하면 족하지 않을까.

평상에서

 '작은 마루'라는 카페에 앉아 차를 주문합니다. 때마침, 스피커에서 '에릭 사티'의 〈짐노페디〉가 흘러나오네요. 밖은 한낮의 열기로 뜨거운데 실내는 적당히 시원합니다. '마루'라는 단어를 입속에 놓아두었더니 친숙한 이야기 한 토막을 데려옵니다.

 상도동과 봉천동을 잇는 곳을 봉천고개라 불렀습니다. 그 언저리에는 불그스레한 벽돌로 세운 아담한 집이 있었답니다. 아버지가 만든 평상이 마당 가운데를 차지했고요. 평상에 까치발을 하고 올라서면 한강대교가 보입니다. 다리를 지나 더 멀리 국회의사당과 63빌딩이 한 눈에 들어옵니다. 햇볕과 비가 숨바꼭질하는 날이면 한 강을 인 하늘에 무지개가 뜹니다. 평상이 있는 마당 끄트머리에는 구멍이 세 개 뚫린 시멘트 단상이 있었지요. 그곳에 태극기, 새마을기, 확성기를 꽂아 놓았습니다.

매월 초하루 아침이면 확성기에서 "새벽종이 울렸네, 새 아침이 밝았네."라는 노래가 고샅을 돌고 돌아 사람들을 깨웠습니다. 노래는 동네를 한바탕 흔들어놓고 나서야 아버지가 계신 평상에 와 멈췄습니다. 마을 통장인 아버지는 이내 마이크를 잡았습니다.

"상도동 주민 여러분 오늘은 새마을 청소 날입니다."

얼추 한 시간 지났을까요. 성가 성을 가진 새마을 부장 아저씨는 아버지가 건넨 마이크를 받아 들곤 반토막 난 발음으로 "두민 여러분, 오늘도 수고하셨습니다."라는 마무리 멘트를 했습니다. 연이어 어머니가 평상으로 간식거리와 차를 가지고 나왔습니다. 종종 아버지는 평상에 앉아 조반을 들곤 하셨지요.

상을 물린 후 포마이카 상을 다시 폅니다. 나무로 만든 펜대에 펜촉을 끼워 잉크를 적셔가며 주민의 주민등록 카드를 만들었습니다. 그때는 주민 카드를 수작업으로 했으니까요. 평상에서 마을 사람들의 어려운 사정을 들어주기도 했습니다. 아버지를 찾아온 사람마다 그에 꼭 어울리는 별명을 붙여주는 재주로 웃음꽃도 피우면서요. 가끔은 평상에서 이모부를 상대로 바둑과 장기를 두었습니다.

붉은 벽돌집의 앞마당은 장기 말 중 상(象)이 가는 길을 닮았습니다. 긴 마당의 대문 앞에는 등나무 한 그루가 있었지요. 나뭇잎이 오색으로 물들면 어머니는 앞치마를 동여맸습니다. 신김치와 호박 양파를 채 썰어 버무린 김치전을 부치기 위해서였어요. 바삭한 부침개 한 조각을 입에 넣으면 그날의 시름은 신맛과 함께 날아갔습니다.

졸졸 흐르는 시냇물 소리도, 까만 밤을 밝히는 반딧불도, 타닥타닥 밤 익는 냄새도 없었습니다. 시골이 아닌 달동네지만 우리 가족은 이야기꽃을 피웠습니다. 평상은 단상에 꽂힌 태극기, 새마을기가 바람에 흔들릴 때마다 사연을 담았습니다. 한 해 두 해 깊어만 가는 아버지의 풍진 세월 소리도요.

복달임에 아버지와 이모부는 평상에서 장기를 뒀고, 나는 그 옆에 엎드려 책을 읽다 설핏 선잠이 들었지요. 갑자기 어디선가 거친 언성이 시작되고 바둑판 위의 집들이 흔적도 없이 사라져 버렸습니다. 꼿꼿한 아버지의 자존심에 생채기를 낸 이모부가 줄행랑치듯 자리를 뜬 후 깊은 시름에 잠긴 아버지를 보았습니다. 그날 아버지가 화를 낸 사건의 자초지종은 이러했습니다.

아버지는 평안북도 관료 집안의 막내로 태어났습니다. 남하해서 군에 머물렀지만, 출세하는 데 별 관심이 없었던 모양입니다. 예편할 때까지 만년 최 대위라는 꼬리표가 붙어 다녔으니까요. 그렇게 아버지는 최 통장 말고 최 대위라는 또 하나의 이름을 갖고 있었습니다. 그런 아버지가 예편하고 건축 사업에 매진했지만, 사업은 순탄치 못했습니다. 오랫동안 군대에서 생활했던 터라 세상 물정에 어두웠거든요.

거듭되는 사업 실패로 우리 집 형편도 어려워지게 되었죠. 통장 일하며 집 짓는 일은 뒷전으로 물러나 있었지요. 사정은 알게 된 이모부가 집을 지어 달라고 했습니다. 우여곡절 끝에 이모부의 집을 짓게 되었어요. 같은 시기에 아버지는 오빠에게 새 자전거를 사 주셨어요. 아마도 이모부는 돈의 출처를 오해했나 봅니다.

일주일이나 지났을까요. 아랫마을에 사는 이모부가

멋쩍은 얼굴로 우리 집에 오셨지요. 아무 일도 없는 듯, 예전처럼 평상에 앉아 바둑을 두며 아버지께 말했습니다.

"혼자만 깨끗한 척하고 살면 누가 돈을 가져다준답니까? 부쩍부쩍 크는 애들 생각도 해야죠?"

당시 재개발 불길이 상도동에도 불고 있었지요. 개발을 시행하는 회사에서 아버지한테 조합장을 맡아달라는 제의가 들어 온 것을 이모부는 알고 있었어요. 이모부는 집의 어려운 사정을 알기에 여러 가지 이유를 끌어다가 아버지를 부추기던 중이었습니다. 아버지가 호락호락하게 받아들이지 않으면 목숨만큼이나 중한 아버지의 자존심에 생채기를 냈습니다.

우여곡절 끝에 조합장이 된 아버지는, 마을에서 일어나는 속 시끄러운 일에 앞장서게 되었어요. 재개발하면 땅의 지분을 가진 사람들은 입주권을 받지만, 세입자들은 그렇지 못했어요. 대책 없이 거리로 내쫓겨야 하니 한 푼이라도 더 챙겨야 했기에 시행 업체와 몸싸움이 일곤 했습니다. 또 상도동에 사는 주민 중 시유지에 집을 지으면 땅값을 내야 했습니다. 아버지는 이 복잡한 일을 해결해야 한다며 평상에 머무는 시간도, 찾는 일도 줄었습니다. 어쩌다 해거름을 평상에서 맞는 아버지를 볼 때면, 등짐을 잔뜩 짊어진 사람처럼 힘들고 외로워 보였습니다.

평상에 앉아서 동네 사람들의 사정을 들어주던 아버지의 얼굴을 보는 것도 그 해가 마지막이었어요. 이모부와 바둑을 두며 아옹다옹하는 소리도, 둘러앉은 가족의 도란도란 이야기하던 풍경도 더는 볼 수 없게 되었어요.

그 이듬해 봄, 상도동에 살던 사람들이 이주비를 받아 하나둘 떠나면서 우리도 그 대열에 합류해 경기도로 이사했습니다. 전기와 물이 끊긴 덩그런 집 마당에 평상만 남겨 놓은 채 말이죠. 오랜 세월 아버지와 함께한 평상만이 밀고 오는 불도저에 의해 먼지 속에서 최후를 맞았습니다.

평상에 앉아 깊은 시름에 잠긴 아버지는 온데간데없고 단잠에서 깬 어린 딸만 홀로 남았습니다. 내 유년의 추억도 봉천동과 상도동 언저리에 들어선 아파트 속으로 서서히 자취를 감추고 있네요. 어느새 어른이 된 삽화 속의 어린 딸에게는, 그날의 그리움만 뭉근하게 남았습니다.

현악 5중주

 태평양을 건너간 철새가 돌아오듯 한 달에 두어 번 먼 데서 소식이 온다. 액정 화면을 누르면 바이올린의 활이 줄 위에서 미끄러지며 현을 탄다. 마치 흰 나비가 진분홍 철쭉 위로 살포시 내려앉는 듯하다.

 큰언니는 미국에서 클래식 음악을 강의한다. 음악과 함께 글을 쓰며 노후를 설계한다. 학생 시절부터 음악을 좋아했던 그녀가 내게도 음악을 보낸다. 오늘따라 첼로의 스타카토 음률이 처마 끝에 톡, 톡, 내리는 빗방울 같다. 그녀의 눈물을 닮았다.

 현악 5중주라고 하면 바이올린 두 대, 비올라 두 대, 첼로로 구성되어 있다. 슈베르트가 죽기 두 달 전에 작곡

한 실내악의 정수로 꼽히는 현악 5중주 C Major D 956은 비올라가 아닌, 두 대의 첼로로 구성됐다. 반원의 형태로 앉아 연주하는 모습을 보니 우리 오 남매를 떠올리게 한다. 큰언니와 오빠는 첼로, 나와 남동생은 바이올린, 작은 언니는 비올라다.

우리는 어머니가 몸져눕기 전만 해도 별문제가 없었다. 이탈하지 않고 제 음을 잘 살려냈다. 큰 언니의 첼로 음은 단단하면서도 어딘가 서늘하고, 오빠는 투박하지만 따뜻했다. 항상 중간에서 연주하는 비올라, 작은 언니는 첼로의 무거움과 바이올린의 날렵한 선율을 품어줬다. 나와 남동생은 장난처럼 주고받으며 항상 발랄하게 활을 튕겼다.

두어 달쯤 되었나 보다. 주중에 한 번 망백인 어머니를 목욕시키러 서울로 가는 비행기를 탄다. 몇 해 전만 해도 혼자서 목욕탕에 다녔지만, 이젠 걷는 것조차 힘드시다. 그동안 어머니를 돌보던 둘째 언니도 환갑을 맞고 나니 쉽지 않은 모양이다. 형제들의 단체 톡 방이 떠들썩하다. 어머니를 모신 남동생이 이사 문제로 어머니의 거처를 논의한다는 톡이 올라왔다. 갑작스러운 상황에

형제들이 물었다.

"무슨 일이야?"

재작년에 남동생이 잘 다니던 직장을 그만두고 작은 사업을 시작했다. 첫해는 별걱정 없이 운영하는가 싶더니만, 결국 코로나19로 손을 들고 말았다. 혼자 해결하다가 힘들었는지 사채까지 쓴 모양이었다. 집을 줄여 갈 수밖에 없는 처지지만, 누워계신 어머니를 돌보는 일을 누군가가 해야만 했다. 한평생 동생과 함께한 어머니를 어디로 모셔야 한단 말인가. 그런 일이 있으리라고는 아무도 생각하지 못했다.

일명 백조의 노래라고 불리는 C Major D 956은 1악장은 장조 화음과 비틀린 단조 화음이 교대로 반복되는 불안정한 선율이다. 마치 우리의 마음을 그대로 옮겨 놓은 듯, 단톡방이 시끄럽다. 낮고 묵직한 두 대의 첼로가 어둠 속에서 쉼 없이 리듬을 이어간다.

나와 두 살 터울인 동생은 2월생이라 초등학교 육 년을 함께했다. 두 대의 바이올린이 주거니 받거니 속삭이듯 나는 동생의 속내를 속속들이 다 안다고 자신했다. 서너 정거장이나 되는 등굣길을 걸으면서 손에 땀이 배도록 나는, 그 손을 놓지 않았다. 그런 동생과 내가 불협화음이 일던 게 언제부터였을까. 같은 하늘 아래에 있었지만, 서로의 삶에 바빴던 게 분명했다.

두 대의 바이올린이 "딴 따다 단, 딴 따다" 조용하게 현을 탄다. 그러다가 갑자기 거센 비바람이 몰아치듯 바이올린의 활이 줄 위에서 빠르게 움직인다. 그 음이 내 귓가에는 동생의 목소리로 들린다. 언니들하고 오빠에게, 자신의 말에 귀 기울여 달라며 하소연하고 있다. 빠르게 움직이는 활에 나도 동생과 합세해 언니와 오빠한테 거세게 호소한다.

마주 앉아 연주하는 두 대의 첼로도 바이올린이 내는 소리에 반박하듯 "둥 둥" 했으나 그것도 잠시 평정을 찾는다. 정중앙에 자리 잡은 비올라가 바이올린과 함께 음을 맞춘 후에 다시 첼로와 속삭인다. 중재에 나선 작은 언니가 이리저리 옮겨 다니며 점점 세게, 점점 약하게 말을 부풀린다. 그러자 갑자기 동생이 거머쥔 활을 켜는 소리가 공연장의 천장을 뚫을 기세다. 이내 나도 서둘러 호흡을 맞춰 협공한다.

큰언니와 오빠는 닮은 구석이 많다. 큰언니가 자신을 위해서는 백 불을 써 본 게 손에 꼽을 정도라고…. 미국에서 잠시 살다 온 둘째 언니한테 종종 듣곤 했다. 오빠는 십오 년이나 된 자동차를 여태 타고 다닌다. 둘 다 알뜰하니 동생의 하소연이 달가울 리 없다. 마지못해 더는 안 된다며 이것뿐이라고, 할 수 없다며 두 대의 첼로도 빠른 속도로 리듬을 탔다.

동생이 긴박한 자신의 사정을 말하지만, 소용이 없자 나는 재빠르게 현란하고 빠른 박자로 큰언니와 오빠에게 심정을 알린다. 죽음 직전에 운다는 백조처럼 동생의 힘든 사정을 필사적으로 대변하지만, 첼로의 묵직한 활이 빠르게 움직인다. "빠빠빠바 반 빠빠빠아 반" 알뜰하게 살지 못한 동생을 질책하듯, 원망하듯 하다. 각자의 방식대로 한 번씩 서로에게 생채기를 내는 밤이 지나가고 있다.

내가 내는 음에 할 말을 잊은 건가. 마주 보는 두 대의 첼로가 스타카토로 줄을 튕긴다. 곧이어 절제된 슬픔이 첼로에서 흐른다. 큰 언니의 눈물에 가슴이 먹먹하다. 빠른 속도로 다섯의 악기가 줄을 탄다. 웅장하게 대미를 장식할 모양이다. 다들 어머니의 거처 문제에 마음을 보탠다. 마침내 오빠가 주머니를 열고, 다른 형제들은 동생이 자리 잡을 때까지 일부를 보태기로 한다. 우린 어머니의 문제로 긴 밤을 보냈다.

　다음 날 아침, 간밤에 분 바람 탓이리라. 붉은 꽃들의 연주가 멈춰버린 것 같다. 제 할 일을 마친 것이겠지. 다시 미풍에 철쭉은 흔들린다. 소리가 경쾌하다.

04

나무늘보

당근 마켓

백설

부재不在

십 년 후에 우리는

양파 이야기

얼굴 속의 비밀

원맨독One Man Dog

진정한 소유

폭설

나무늘보

 제 자리를 벗어난 물건들로 거실이 너저분하다. 딸은 소파에 널브러진 채로 요지부동이다. 그 모습이 며칠 전 TV '동물의 왕국'에서 본 형상과 많이 닮았다. 어떤 녀석이 나무에 거꾸로 매달려 있었다. 앞다리가 뒷다리에 비해 길어서인지 오랫동안 그런 자세로 있어도 녀석은 힘들어 보이지 않았다. 숙련공처럼 하루 대부분을 그렇게 지낸단다. 다른 동물과 다르게 활동량이 적어서인지 먹는 것도 고작 고무나무 이파리 석 장이 전부라 했다.
 배설하기 위해 발로 땅을 디딜 때도 느릿했다. 몸 전체가 녹색인 녀석은 천적들의 공격을 잘도 피한다. 험한 세상을 버텨내라고 신이 녀석에게 선물한 위장술 덕

분이다. 녀석이 나무에서 떨어져 물에 빠지는 장면이 나왔다. 그런데 웬일인가? 퇴화한 근육으로 재빠르게 헤엄친다. 원래 느린 건 아닌 모양이었다. 우직하게 매달린 녀석의 얼굴에 세상을 달관한 듯한 표정이 여유롭다. 나무늘보를 관찰하는데 천성이 느린 둘째 딸의 모습이 겹쳤다.

나는 아이를 쉽게 낳지 못하고 유산을 거듭했다. 그러다가 힘들게 딸을 낳았다. 첫딸은 살림 밑천이라며 어머님은 나를 다독이면서도 은근히 아들을 기다렸다. 그즈음, 친정 언니가 남편 사주에 아들이 있는지 무꾸리하러 가자고 했다.

자신이 사는 동네에 용한 무당이 있단다. 무당에게 남편과 내 사주를 적은 종이를 건넸다. 무당은 양손에 동전을 넣고 모아 흔들며 주문을 외웠다. 의식이 끝나자, 손안에 있던 동전을 상에 뿌렸다. 다시 옆에 놓인 방울을 들고 주문을 시작했다. 이내 새댁은 아들을 낳으면 서방이 일찍 죽을 팔자라며 일침을 놓았다. 자신이 모시는 장군님 말씀에 따르면 둘째 딸이 아들 몫까지 할 거란다. 그 말을 남편에게 전했다.

비가 추적추적 내리는 날이면 시이모님들은 연례행

사처럼 우리 집에 모였다. 그날의 점심은 으레 수제비였다. 이 층 계단에서 내려다보면 희끗희끗한 불두화로 밥상을 장식한 듯, 옹기종기 모여 앉은 모습이 정다워 보였다. 하지만 그것도 잠시, 나의 온유한 감성은 금세 깨지고 말았다. 아들을 낳아야 저승에 가서도 조상님 얼굴을 떳떳하게 뵐 수 있다는 말이 비수처럼 날아들었다. 이해할 수 없는 것은, 딸을 셋이나 둔 막내 시이모님의 넋두리였다.

체질을 개선해 준다는 약을 먹었지만, 또 딸을 낳았다. 둘째는 몸무게 미달로 병원 신세를 져야만 했다. 어른 중 열에 아홉은 사람 구실을 할 수 있을까 염려했다. 다행히 아기는 별문제 없이 자라 초등학교에 입학했다.

입학 당시 전교생이 사백 명 남짓한 학교에서 한글을 못 깨친 아이는 둘째뿐이었다. 방과 후 집에 오면 꼼짝하지 않고 비디오 보는 것으로 하루를 보냈다. 그런 행동에 남편과 내가 채근하는 건 지나친 욕심이라 생각했다. 삼 학년이 될 무렵에 한글을 터득했다. 딸은 그렇게 천천히 올라갈 수 있는 만큼만 발을 뗐다.

둘째가 고등학교에 입학할 즈음, 어머님은 병환 중이었다. 밤마다 다리가 저리고 아프다는 바람에 틈만 나면 남편은 어머님의 다리를 주물렀다. 하지만 어머님은 남편보다 손끝 야무진 둘째의 안마를 더 좋아했다. 어린 손녀가 남편보다 힘이 없는 걸 알면서도 요구하는 어머님이 못내 서운했다. 한 번도 싫어하지 않고 어머님의 다리를 주무르는 딸이 미련해 보이기도 했다. 딸은 간혹 어머니께 말했다.

"할머니, 제가 아빠한테는 아들이고 할머니한테 손자라고 생각하고 사셔요?"

그 말을 기억했는지 돌아가실 때도 어머님은 입시생이던 손녀가 올 때까지 눈을 감지 못했다. 날 때부터 몸무게 미달로 가슴 졸이게 했던 딸이, 남편에게는 생명의 은인이요, 어머님에게는 귀하디귀한 손자가 되어 준 것이다. 그런 딸이 독립한다며 짐을 싸고 있다.

"아직도 멀었어, 왜 이리 꾸물거리는 거니?" 다그치는 잔소리에 딸이 미소로 답한다. '엄마, 늘보 눈에 비친 세상은 그렇게 빠르지만은 않아요.' 그래서였을까. 해맑게 웃는 딸의 세상이 오히려 넉넉해 보인다.

당근 마켓

"카톡, 카톡" 새벽부터 핸드폰이 요란하다. 달포 전에 몇 개의 물건을 중고판매 사이트 '당근'에 올렸다. 판매 물품은 미국에 사는 조카에게 부탁해 공수한 가방과 일본 역사 만화 전집이다. 가방은 이름만 대면 누구나 아는 상표다. 두어 번이나 들고 다녔을까, 새것이나 다름없기에 비싸게 올려놓았다.

몇 해 전 제주도에서 지낼 때, 지인들의 방문을 받은 적이 있다. 그때 온 사람 중 한 분이 기억에 남는다. 그녀는 몸에 군살이 없었기에 오름을 잘 올라가리라 생각했다. 하지만 자신은 종합 병원이란다. 게다가 수억을 들여 재탄생한 '사이보그'라며 능청을 떨었다.

겉모습을 살펴봤지만, 도무지 알 수 없었다. 기계의 도움을 빌린 곳이 어딘지 궁금했다. 얼굴은 아니었다. 그럼 얼굴을 제외한 다른 곳인가. 식사 시간이 돼서야 알 수 있었다. 그녀는 지난 이야기를 줄줄이 늘어놓았다. 맨바닥에 주저앉아 밥을 먹지 못했다. 항상 허리를 완충해 주는 방석을 깔았다.

작년 가을, 그녀가 내게 새집으로 이사한다며 전화했다. 우연히 가입한 당근 마켓을 이용하는 게 은근히 재미있다며 전화 속에서 키득거렸다. 그리곤 쓰던 물건들을 그곳에 내놓았다고 했다. 아침마다 상을 물리고 나면 어떤 물건을 올릴까 하는 생각에 시간 가는 줄 모른단다. 비싸게 주고 샀다가 싸게 팔려니 속은 상하지만, 사용하지 않는 물건을 그냥 두는 것도 부담이라고 했다. 좀 전에 올린 물건은 자신이 제시한 돈으로 사기는 어림도 없다며 구시렁댔다.

그녀가 내다 팔 물건이 더 없을까 싶어 남편에게 물으니 곧바로 받아치더란다. "우리 집에 팔 물건 하나 있지. 당신!" 그 말에 독이 바짝 오른 그녀가 되받아치며 끓어오르는 화를 삭였다고 했다. 나는 그녀를 웃음으로 위로 했지만, 위축된 목소리에 가슴이 아렸다.

나도 무릎 수술을 받은 후 몇 달간 우울하게 지낸 적이 있다. 수술로 인해 몸이 굼뜨면서 체중이 불었다. 느긋한 내 성격도 한몫했다. 순식간에 불어난 살 때문에 발 크기도 늘었다. 옷 색깔에 맞추려고 산 플랫슈즈가 수십 개다. 주말이면 남편이 하던 말이 생각났다.

"제발 좀~~ 옷에 몸을 맞춰."

이번에도 남편은 그리 말할 게 뻔하다. 신발에 제발 발을 맞추라고, 그러니 선수 쳐야 했다. 나도 재빠르게 당근 마켓을 연다.

"형형색색의 230mm 플랫슈즈 헐값에 팔아요. 다 가져가실 분 한 켤레 덤으로 드려요."

요즘, 당근마켓에는 중고 물품을 사고파는 것 이외에도 별난 게 많다. '동네 소식 코너'에 이런 문구도 올라온다. "주말에 술 같이해요, 배드민턴 같이해요. 내일 산에 가실 분 모집해요" 등등. 머지않아 당근 사이트에 "아내나 남편 팔아요, 그리고 나눔도 합니다."라는 문구가 올라올지도 모르겠다. 노랫말처럼 세상은 요지경이다.

백설

 눈이 왔다는 지인의 말에 서둘러 집을 나섭니다. 한라산은 백설이 도망가지 못하도록 꽁꽁, 동장군을 잡아두고 있었지요. 나를 위해 그리하는 게 아닐까 하는 착각에 빠져 산을 오릅니다. 손끝에 닿으면 스르르 형체도 없이 사라지는 게, 기다림에 지친 건 아닌가 싶었어요. 실타래처럼 살포시 나뭇가지 위에 앉아서 많은 사람을 부르기도 했어요. 금방이라도 매서운 바람에 날릴 게 뻔한데 누굴 위해 저리도 분주할까요.

 눈과 마주하니 순백으로 휘날리던 그날이 생각났어요. 문과였던 내가 진로를 바꿔 공대에 지원한다며 가당찮게 요란 떨며 재수할 무렵이었지요. 당시 수학 성적이

부진한 나는, 과외 선생님이 절실했어요. 녹록지 못한 집안 형편으로 고민하고 있을 때, 선뜻 도움을 주겠다며 손을 내민 분이 있었지요. 나보다도 아홉 살이나 많은, 내가 다니던 교회 유년 주일학교 선생님이었어요. 그분의 마음이 언니한테 있다는 걸 알기 전까지, 일 년이나 내 성에 선생님을 들여 꿈꾸곤 했습니다. 선생님보다 한 살 연상인 언니는 선생님께 곁을 내주지 않았죠. 그렇게 일 년을 선생님과 나는 다른 마음을 품고 지냈습니다.

학력고사를 치르고 난 그해 겨울, 선생님이 계시던 S대 언덕 가로등 아래에 서 있었어요. 그날따라 백설은 굵고 탐스럽게 보이지 않았죠. 이미 지쳐 형체를 잃어가는 중이었습니다. 일주일 내내 퍼붓던 눈은 그날이 마지막인 양 축축 늘어졌지요. 가냘픈 새의 깃털처럼 내 머리 위에 앉자마자 스르르 녹았어요. 그리곤 머리카락을 타고 눈 주위를 맴돌다 눈물과 함께 손등으로 떨어졌지요. 이별의 아픔을 간직한 채, 백설은 가로등 아래 서 있는 내게 꽃송이처럼 분사되었습니다. 이내 눈 꽃송이들이 질척한 바닥에 떨어져 흔적도 없이 사라지듯 짝사랑도 막을 내렸답니다.

결혼으로 자연스레 다니던 교회를 떠나면서 선생님하

고도 연락이 끊겼습니다. 물론 수소문해서 만날 수도 있었지만, 거기서 멈추는 게 더 좋겠다 싶었어요. 큰딸이 초등학교 입학하고 영재교육 바람이 거세질 즈음이었지요. 3호선으로 가는 강남터미널 환승역 길목에서 선생님을 우연히 만났습니다. 헤어지고 난 후 첫 번째였어요. 평소에는 주위를 살피지 않던 나였는데 그날은 스치는 사람마다 눈도장을 찍고 있었지요.

"혹시, 연실이?"

"ㅇㅇㅇ 선생님 아니신가요?"

우리는 서둘러 가까운 찻집을 찾아 앉았어요. 나는 커피를 마신다고 했지만, 선생님은 커피와 우유를 주문하더군요.

"선생님! 저도 이젠 딸이 둘인데요?"

"그래, 엄마가 됐어, 우유가 피부에 좋아!"

선생님은 지난날에도 그랬어요. 학력고사를 치르고 난 후, 나는 커피를 주문했지요. 하지만 커피에는 카페인이 있어 성장에 좋지 않다며 우유로 바꿔준 기억입니다. 선생님의 눈에는 아직도 내가, 단발머리 여학생으로 보였나 봅니다. 지난 세월의 보따리를 풀기엔 우유 한 잔으론 한없이 부족했어요. 그런데도 우린 아무 연락처도 서로 건네지 않고 신께 훗날을 남겨 두었지요.

 아이들도 대학을 졸업했으니 십여 년이 훌쩍 지났습니다. 딸의 심부름으로 충무로 카메라 가게에 들렀다가 집으로 가는 길이었죠. 땅거미 내리는 시각, 우연히 들른 남산 한옥마을에서 선생님을 만나게 되었지요. 그땐 선생님께서 내게 커피를 사 주더군요. 하늘의 이치를 알 수 있는 나이가 됐다고 생각하셨을까요.

 가끔, 제주도에 내려와 살면서 두 번째 만났을 때 받은 명함을 꺼내곤 합니다. 선생님은 대학에서 학생들을 가르치고 계시지요. 그때는 먹물 향기에 취해 살고 싶다는 다짐을 못 한 터라 당당하게 나서지 못했습니다. 혹시 세 번째 선생님을 만나게 된다면, 내 이야기를 할까 합니다.

 백설이 사방으로 뻗은 나뭇가지 위에 앉았습니다. 한라산을 오르는 길, 늘어진 설편에 삶의 체중을 실어봅니다. 여인의 살에 입을 맞추는 듯 보드랍습니다. 피천득의 《인연》에서처럼, 우연히 스치듯 만난 선생님과 따뜻한 기억을, 후회하는 만남으로 남기고 싶지 않습니다. 그런데도 세 번째 만남을 기다리는 이 마음을 어떻게 설명할 수 있을까요.

부재不在

 연일 장대비가 내렸다. 외출해 돌아오니 집 안이 엉망이다. 먹은 사료를 다 게우고도 부족했나 보다. 오줌까지 지렸다. 그리 요란법석을 떨고 뻔뻔스럽게 세 녀석이 몸을 포갠 채 햇볕을 쬐고 있다.

 소통이 어려운 녀석들을 이해하는 데도 한계가 있다. 예를 들면 원고나 책에 오줌을 지릴 땐 감정제어가 녹록지 않다. 세탁한 옷에 토사물을 쏟아놓을 땐 화가 극에 달한다. 방바닥에 큰일을 본 엉덩이를 문지르고 다닐 땐 끝까지 쫓아가서 응징해야 마음이 누그러진다. 몇 번이나 토사물과 오줌을 닦았는데도 날씨 탓인지 비린내가 가시지 않는다.

화를 삭이려고 하니 머릿속은 부글부글 끓는 냄비다. 어디 한 놈 걸리기만 해봐라. 갈퀴눈으로 녀석들의 동태를 살피다, "이 집에 주인은 나야 나." 듣는 이도 없는데 혼자 흥분해서 소리친다. 쪽수로도, 소리로도 놈들에게 밀리지만, 어쨌든 한 판 붙을 작정이다.

집에서 키우는 개는 세 마리다. 녀석들은 각기 다른 종이다. 혼합된 밤색 푸들과 순수 혈통의 흰색 푸들, 양몰이 개로 알려진 웰시코기다. 푸들 두 녀석은 어머님이 떠난 후에 들였으니, 나와 동고동락한 지도 올해로 십 년이다. 사람 나이로 계산할라치면 일흔이 훌쩍 넘은 셈이다.

거리를 배회하고 있는 밤색 푸들을 만났을 때 '까망이'라고 새겨진 목줄을 하고 있었다. 그 후로 집에 들이는 강아지마다 '까' 자를 넣어 이름을 짓기로 했다. 다른 두 녀석의 이름은 '까칠이, 까꿍이'라고 부른다. 하나는 외로워 둘이라는 말에 내 마음이 움직였을까. 이내 강아지를 생산하는 공장에서 하얀 새끼 푸들을 데리고 왔다. 그 녀석이 '까칠이'다.

녀석은 배에 파란 펜으로 53이란 숫자가 새겨져 있었

기에 순간 도살장에 끌려가는 소가 연상됐다. 태어난 지 53일 됐다는 표시가 조만간 생명의 부재를 예고라도 한 듯했다. 특별한 사연이 없는 웰시코기 '까꿍이' 마저도 딸 친구가 여행길에 맡기고 여태 찾지 않는 걸 보면 버림받은 거나 다름없다.

  오랫동안 병마로 고생한 어머님이 떠난 후에도 나는 한동안 남편하고 소원했다. 썰렁한 집안 공기를 바꾸려고 했지만 쉽지 않았다. 그런 참에 반려견을 들이면서 집의 기류도 한류에서 난류로 봄을 맞았다. 강아지 한 마리가 두 마리로 불어나면서 남편과 딸의 귀가도 빨라졌지만, 내 안에는 내가 없었다. 나를 찾겠노라 다짐하고 제주로 내려왔을 때, 빈자리를 녀석들이 채웠다. 그런 녀석들이라도 이왕지사 마음먹은 터였다.

  내 코가 본질을 잃어버린 지 오래되었다 하더라도 응징해야 효과가 커진다는 것을 눈이 모르지 않는다. 징벌에는 또 다른 이유가 있다. 이 집에 주인은 나라고 놈들에게 말하고 싶어서다. 사방을 두리번거리다 내 앞에 녀석들을 꿇리고 몇 차례 머리를 쥐어박는 게 전부지만, 그 일조차도 마음먹은 대로 할 수 없는 게 작금의 현실이다. 딸이 방마다 작은 카메라를 설치했기 때문이다. 틈만 나면 녀석들의 동작과 숨 고르는 소리까지 보고 듣는다. 한참을 매의 눈으로 로봇을 쩨려보다가 나는 어떤 생각에 이른다.

만약에 말이야, 로봇으로 연결한 코드를 뽑는다면? 단 몇 초도 채 안 돼 내 핸드폰은 몸살을 앓을 게 불 보듯 훤하다. 뛰는 놈 위에 나는 놈이라 누가 그랬던가. 좋아하는 간식으로 녀석들을 렌즈 반경에서 벗어난 곳, 후미진 곳으로 한 마리씩 유인해 본다면? 한 놈도 아닌 세 놈이 떼거리로 몰려와 쿵쿵대며 내게 항복한다는 동작으로 발라당 자빠지면서 배를 드러낼 게 뻔하다. 그럼 나는 이 능청스러운 놈들과 숨바꼭질하며 오후를 어떻게 보낸단 말인가. 무거운 한숨에 주저앉고 만다.

저녁 느지막하게 귀가한 딸에게 오늘 벌어진 일에 관해 고자질했다. 그 말을 듣자마자 휑하니 녀석들을 데리고 제 방으로 들어가 버린다. 딸과의 대화가 좀처럼 쉽지 않다. 내가 딸에게 적색등이 된 게 언제부터였을까. 재택근무로 전환하면서였을까. 그때부터 딸은 반려견을 도축, 학대하는 동영상만 찾았다. 어느 날은 누군가와 통화 중에 딸의 목소리가 창을 넘어간 적도 있었다. 모 방송의 동물 프로 담당에게 제3의 인물을 고발한다는 내용이었다.

그 순간 딸의 행동이 지나친 게 아닌가 싶어 핀잔을 주었다. 하지만 녀석들은 딸에게 가족이나 다름없다. 어쩌면 자신이라고 생각하고 있는지도 모를 일이다. 친구들의 경조사도 여가 생활에도 흥미를 보이지 않는다. 반려견과 인간이 공존 관계라는 걸 인정하지 않는 것 같다. 오로지 인간은 개를 위해 존재한다고 생각하는 건 아닌지 심히 불편하다.

내게 적색등이 켜졌을 때, 내 안에 내가 없다며 길을 나섰을 때였다. 이미 커버린 딸에게 내 부재가 걸림돌로 생각하지 않았다. 딸을 사랑하지 않기에 떠난 것은 아니었다. 멀어졌다고 느꼈을 때, 알아차려야 했다. 조금씩 속병이 들고 있었던 것을…. 집으로 돌아오기까지 너무 오래 걸렸나 보다. 소심한 복수를 놈들에게 한들 내게 무슨 위안이 된다고 이리 호들갑인가. 나는 본질을 잃은 코처럼 조용히 눈을 감는다.

젖은 책을 마른 수건으로 꾹꾹 누르고 다시 복사기를 돌린다.

십 년 후에 우리는

 목련이 지는 날, 대학로에 있는 학림다방에 갔지. 창가에 앉아 비엔나커피를 주문하고 주위를 둘러봤어. 다 그대로인데 나만 변했더라. 얼굴을 채운 짙은 주름을 바라보았어. 살려고 무던히도 애쓴 결과일까. 신청곡을 쓰는데 손마저 유난히 늙고 거칠어 보였어. 불어난 몸은 수분을 머금은 스펀지처럼 무겁지, 뭐야. 그러니 움직일 때마다 "두둑" 소리가 났겠지 당연한 거야. 그게 내 몸의 경고였다는 걸 모르고 살아왔으니까.
 때마침 주인이 바닐라 아이스크림을 듬뿍 올린 커피잔을 탁자에 내려놓았어. 창밖은 온통 초록이었어. 싱그러운 길마다 언니들과 함께했던 날들이 먹물처럼 번져

나가고 있었어.

  나는 큰 언니하곤 십 년, 작은언니하곤 칠 년이나 터울이 져. 외모가 큰 언니와 비슷해 성격마저 닮은 게 아니냐고 다들 그러더라고. 하지만 아니야. 사람에게 집착하는 못된 성향은 작은언니를 빼다 박았으니까. 떨어지는 낙엽에도 귀를 쫑긋 세우며 가을을 노래한 큰 언니는 클래식에 대한 사랑이 깊었지.

  반면에 밖으로만 나돌던 작은언니는 그림에 관심이 많았어. 나는 두 언니의 장점만 닮으면 좋았을 텐데, 신은 매일 밤 기도한 어머니를 무안케 만들고 말았지. 큰언니는 당장이라도 터질 듯 풍선처럼 위태위태한 나를 데리고 다녔어. 종로서적, 학림다방, 그리고 필하모니를 둘이서 많이도 갔나 봐.

  언니는 대학 시절, 실존주의 대가 사르트르, 보부아르에게 영혼을 담보 잡히곤 했어. 그때 나도 작가가 되고 싶어 전혜린에 심취했지. 하지만 바람난 여자처럼 작은언니를 따라 밖으로 나가는 게 다반사였어. 확연히 다른 두 언니의 성향이 내 안에서 콩나물 자라듯 쑥쑥 크고 있었던 거야. 좀 더 정확하게 말하자면 감성은 작은언니를, 이성은 큰 언니를 닮았어. 어쩌면 이성 쪽으로 조금 더 치우쳤던 게 나에게는 다행이었는지도 몰라. 그러니 다시 돌아올 수 있었겠지.

그때문이었을까. 나는 당시의 사회에 대해 젊은이다운 분노를 터트리지 못했어. 비겁했고 회피하는 삶을 선택했던 거야. 검지도 희지도 않은 회색인 채로 말이야. 군인이었던 아버지 때문이라는 핑계를 대곤 했지만 우유부단한 성격도 한몫했을 거야.

큰 언니처럼 속으로 삭이지도 않고 작은언니처럼 냅다 지르는 성격도 아니잖아. 허구한 날 나의 어정쩡한 행동이 아버지의 매를 부르곤 했어. 타작의 대상은 실은 내가 아닌 작은언니일 때가 더 많았지만 말이야. 작은언니는 큰 뜻을 품고 시대를 앞서는 여성은 아니지만, 남보다 한 계절 정도 앞섰던 것 같아. 한겨울에도 허벅지를 드러낸 채 봄을 찾아다녔고, 이성 친구가 자주 바뀌었지. 놀러 다니느라 바쁜 날들을 보냈어.

어느 날이던가. 내가 전화에다 한국 사람이 사는 곳이라고 한 말이 기억나네. 그땐 삐삐도 핸드폰도 없던 시절이었지. 집으로 오는 전화의 대부분은 작은언니를 찾곤 했어. 아버지가 '성실' 하길 바라며 지어준 이름조차 촌

스럽다며 '엘라'라는 이름으로 자칭하며 다녔지. 한동안 아버지는 망나니처럼 행동하는 작은언니의 용돈을 끊어버렸지. 아마도 언니가 대학 2학년 때였을 거야.

그날로 언니는 어디서 돈을 구했는지 모르겠지만 떡볶이 재료를 사 왔더라고. 그리곤 부모님께서 세놓으려고 단장한 뒷방에서 떡볶이 장사를 시작했어. 내가 초등학교 6학년, 남동생이 5학년이었을 때야. 봉천고개에 살던 내 친구들이 거의 떡볶이를 사 먹으러 왔지. 집에 오는 친구에게 작은언니의 첫인사는 "너 얼마 있어?"였지. 종이컵으로 오십 원 하는 떡볶이를 언니는 돈에 맞게 퍼 줬으니까. 일주일 후, 장판이 그을리는 바람에 그 장사도 접고 말았지만 말이야.

언니는 그때 몇 푼 벌지도 못한 채, 아버지한테 흠씬 두들겨 맞았어. 한 달 내내 온갖 욕까지 들으면서 말이야. 그렇게 자숙의 시간을 보냈으니 저절로 다이어트는 됐을 거야. 지금 생각하면 배꼽이 제자리에 붙어 있는 게 이상할 정도라고. 한 마디로 작은언니는 우리 집의 물건이었어. 아버지가 용돈을 적게 주면 아껴서 쓸 생각 같은 건 하지 않았어. 집에 있는 물건 중 값나가는 걸 귀신처럼 알고는 전당포에 맡기고 돈을 받아왔으니까.

어느 해 겨울이었지. 클래식을 좋아한 큰 언니가 대학 졸업반 때, 플루트를 배워보겠다며 아르바이트하고 받은 돈으로 중고 악기를 샀어. 그리곤 몇 번 불지도 못하고 사우디아라비아로 돈 벌러 가버린 거야. 그 사이 작은언니가 플루트를 칠만 원 받고 전당포에 맡기지 않았겠어. 다음에 찾겠노라고 했겠지.

그 돈으로 명동의류에서 언니 옷과 내 옷을 사 입었지. 그날 밤, 작은언니의 머리카락은 다 잘려 나갔지. 온몸이 시퍼런 멍으로 가득 차도 공범인 나는 건넛방에서 나올 수 없었어. 며칠 후, 작은언니가 웃으면서 말했어. 매를 하도 많이 맞아서 아프지도 않다고, 그때 생각했어. 무슨 일이 있어도 내가 저지른 일은 꼭 책임져야겠다고 생각했어.

제주에 집을 구하기 전, 딸 셋이 어머니를 모시고 제주도 여행을 했었지. 생일인 큰언니를 기념한다며 어머니와 함께한 여행이었어. 어머니는 나들이가 버거웠는지 초저녁부터 자리에 누웠고, 셋은 각자가 즐겨 찾는 술을 꺼냈지. 큰 언니는 소주, 작은언니는 청하, 나는 막걸리로 말이야.

그날 세 자매의 화두는 '사랑'이었지. 큰언니는 첫사

랑을, 작은언니는 사랑을 모른다고 했어. 나는 사랑하고 싶다고 한 것 같아. 대체 사랑이란 걸 해 보기는 했을까. 한 남자를 절절하게 사랑했던 기억도, 그 사람 아니면 세상이 끝날 것 같은 감정도 느껴보지 못하고 결혼했지. 물론, 몇 번의 만남은 있었어도 그럴싸한 추억은 없었어. 한창인 나이에 결혼해서 생각도 감정도 정지된 상태로 삼십 대를 보낸 것 같아. 그래서 늦게라도 참사랑을 하고 싶었어. 그게 이성이든, 그 무엇이든 간에 말이야.

셋이 여행 한 건 처음이었나? 아니다. 큰 언니가 첫사랑에 마침표를 찍던 날, 뜨거웠던 여름날이 생각나네. 원치 않던 간호학과를 졸업하고 병원에 들어갔지. 큰 언니는 공부를 더 하고 싶었지만 녹록지 못한 형편 때문에 바로 취직할 수밖에 없었어. 작가가 되는 게 꿈이었는데 동생들에게 많은 걸 희생하면서 살았던 것 같아.

밤 근무를 마치고 아침에 귀가한 언니가 주섬주섬 배낭에 물건을 챙기더니 작은언니와 나를 데리고 어디론가 갔어. 다산 정약용의 묘가 있는 능내리였어. 그곳에서 언니는 꿈도, 첫사랑도 북한강에 홀홀 던져버렸지. 나였다면 어땠을까 잠시 생각하게 되네. 돌이켜보니 나도 언니처럼 조금 더 능력 있는 지금의 남편을 선택한

게 아니었을까.

제주도에서 마지막 날 밤, 두 언니는 놀라는 눈치였어. 자신들이 아닌, 막내가 일을 냈으니 말이야. 혼자 살아보겠다는 나를 이상한 눈으로 쳐다봤지. 하지만 묻지도 않고 큰언니는 내게 박수를 보냈어. 오히려 손뼉 칠 것 같은 작은 언니의 반응이 의외였어. 내게 거친 말을 하며 달려들었으니 말이야. 그 후 오 년이 훌쩍 지났어. 그때 우리는 십 년 후에 어떻게 살고 있을까? 라는 이야기로 막을 내린 것 기억하지?

며칠 전, 어느 세미나에서 백석이 수필도 썼다는 강의를 들은 적이 있어. 백석의 시 '나와 나타샤와 흰 당나귀'에 나오는 나타샤는 우리가 알고 있는 자야잖아. 그런데도 백석은 그 시를 왜? 그녀에게 제일 먼저 주지 않았을까? 하는 의문이 생겼지. 백석이 시를 준 여인은 자야가 아닌 다른 사람이란 걸 알았을 때, 내게 안식년을 선사한 남편이 새삼 고마워지더라고.

남자의 사랑이란 그런 거야. 사랑 찾아 내려온 제주에서 우연한 기회에 오른 오름에 마음을 온통 **빼앗겼어**. 그런데 말이야? 그 길을 가지 않아도 알 수 있겠더라고. 다시 제 자리로 올 수 있는 그 무엇인가가 내게 아직 남아 있다는 걸….

지금, 큰 언니가 좋아하는 '베토벤의 피아노 3중주, no 7 flat 장조 대공'이 흘러나오네. 언제부터인지 나도 좋아하게 됐어. 항상 여기 오면 신청하곤 하지. 고전과 낭만 사이 중간쯤에 있는 나를 보는 것 같아. 제주에 사는 동안 잊고 살았나 봐. 젊은 날에 큰 언니가 몸으로 말하고 싶었던 모든 걸 백지에 쓴 것처럼 나도 제대로 살아볼까 해. 언니들과 약속한 십 년 중에 아직 반이나 남아서 다행이야.

양파 이야기

 봄비가 여린 풀잎처럼 내리는 어느 날이었다. 제주에서 알게 된 지인이 집에 오고 싶어 했다. 때마침 배꼽시계가 빈속을 채워달라고, 야단이었다. 그날 지인은 밥값이라며 양파 한 자루를 놓고 갔다. 물끄러미 현관 앞에 있는 자루를 보고 있자니 P가 생각났다.

 P를 알게 된 지는 어림잡아 십 년도 넘은 듯하다. 그녀의 나이를 말할 땐, 봄이라 하기도, 가을이라고 단정하기도 어중간했다. 차랑차랑한 단발머리가 여학생보다 잘 어울렸다. 매번 만날 때마다 유행이 지난 옷을 입었기에 내심 사연이 있지 않을까 생각했다. 그녀는 작은 목

소리로 내 귀에 소곤거리곤 했다. 한참동안 들어도 숲만 보일 뿐 본질인 나무는 보이지 않았다.

나는, 귀를 기울일 수밖에 없었다. 하지만 그녀가 머무는 골짜기로 들어갈수록 숲에서 나오는 길을 잃어버렸다. 그녀와 한나절을 보냈지만, 정작 그곳에 그녀는 없었다. 자신의 속내를 드러내는 것에 익숙지 못한 탓이라 여겼다. 진솔한 이야기가 오가는 것 같은데도 결과는 여전했다. 그때마다 나는 그녀가 양파를 닮았다고 생각했다.

겹겹이 에워싼 철옹성처럼 그녀의 옷은 갑옷처럼 갑갑해 보였다. 얼굴엔 알 수 없는 그림자가 그늘을 만들었다. 말 못 할 사정이 있을 거라고 이해하면서도 안달 난 사람처럼 나는 흥분할 때가 더 많았다. 그녀를 내가 좋아하게 된 이유는, 나도 속내를 드러내지 않고 살고 싶은 생각이 든 때문이었다.

어느 해 봄으로 기억한다. 그녀와 K, 나 셋이서 서울 근교로 바람을 쐬러 갔다. 그날 동행한 K가 그녀에게만 대나무로 만든 머리빗을 선물했다. 그녀의 볼은 낮술에 취한 복사꽃처럼 발그레했다. 그때 먼발치에서 지켜보던 나는 인내심의 한계를 느꼈다. 그녀가 꼭 움켜쥔 판

도라의 상자 뚜껑을 세 치 혀로 열어 버리고 말았다. 그 후로 그녀와 K, 나는 서너 번 본 게 전부다. 그녀는 떠났고, 나도 잊었다. 하지만 양파를 본 순간 그녀가 다시 생각났다.

유리 구두를 신고 좋아하던 신데렐라처럼 손바닥만 한 머리빗을 쥐고 행복해하던 그녀의 얼굴이 생각난다. 꽁꽁 싸맨 속내를 드러내라고 다그치던 내 행동에 우두망찰 서 있던 그녀가 보인다. 나는 알싸한 한 방을 얻어맞고서야 알았다. 그녀가 많은 옷을 두르고 있지 않았다는 걸 말이다.

자루에서 양파 몇 개를 꺼내 개수대에 놓는다. 양파 겉옷을 벗긴다. 자연과 연결된 고리가, 단숨에 벗겨진다. 구석구석 오욕을 씻는 의식을 치르는 나처럼 말이다. 단두대 위에서 뒤뚱거리는 모습에 내 행위를 멈춘다. 또 머뭇거린다. 양파는 서슬이 시퍼런 칼에 운명이 결정 날 걸 알고 있는지 질린 표정이다. 이내 몸의 중심축이 흔들린다.

그때처럼 나는 속을 보여 달라고 채근하며 날카로운 칼끝을 들이댄다. 단단하고 견고했던 철옹성이 순식간에 무너진다. 잘린 조각들이 내게 말을 건다. 살아내려고 하지 말고 그냥 살아지는 게 삶이란다. 품어져 나온 내면의 응어리가 눈과 코를 자극한다. 아무리 용을 써도 매운맛은 팔팔 끓는 작은 옹기 안에서 사그라질 것이다. 절명의 순간에야 양파는 숨긴 단맛을 내놓는다. 한때 양파처럼 살고 싶어 애간장을 끓인 과거를 떠올리며 된장찌개를 식탁으로 옮긴다.

  그때나 지금이나 나는 양파가 될 수 없음을 깨닫고야 만다.

얼굴 속의 비밀

 지인이 보내준 책의 앞장을 펼치니 '모나리자의 미소 최연실 선생님께.'라고 쓰여 있네요. 덕분에 입꼬리가 한참이나 올라갔어요. 그리곤 분위기에 취해 거울 앞에 서서 계속 웃어보았어요.

 아버지는 검은 피부에 쌍꺼풀이 깊고 부리부리한 눈을 가진 분이었어요. 피부색이 까만 인종처럼 두툼한 입술과 매부리코가 특징이었죠. 그에 반해 어머니는 박꽃처럼 하얀 피부에 초승달 닮은 옴팡눈이 예뻤어요. 높은 코는 근원을 의심케 했고요. 완벽에 가까운 어머니 얼굴에 흠이 있다면, 뻐드렁니입니다. 그러니 얼마나 힘드셨을까요.

혼인 전, 두 분이 만남을 이어가던 어느 날이었어요. 아버지의 한마디 때문에 순종적인 어머니의 인생이 바뀌었죠. "창희 씨, 옥수수를 잘 드시겠어요."라고 아버지가 농을 던졌나 봐요. 그 말에 어머니는 멀쩡한 생니를 뽑고 젊은 나이에 틀니를 하셨답니다. 그 시절엔 흔한 일이 아니었을 거예요. 얼마나 아버지를 좋아했으면 그랬을까요. 나라면 어땠을까, 고민했을 것 같아요. 사랑하는 사람과 뽀뽀를 하지 않고 살 순 없으니까요.

나는 아버지, 어머니의 열성 유전자만 받았어요. 오 남매 중에서 제일 인물이 빠진답니다. 내 이마는 검지 한 마디를 간신히 넘겼고요, 진한 도장이 한쪽에만 있는 짝눈에다 왜 그리도 콧대가 길어 보이는지요. 부모님께서 물려준 것 중, 자신 있는 건 건강하고 깨끗한 피부랍니다. 뻐드렁니가 아닌 것도 다행입니다. 외모로 주목받는 일이 없으니 조금은 서운하지만, 어쩌겠어요. 감사하며 살아야죠.

지인의 소개로 남편을 만났는데 남편도 잘생긴 얼굴은 아니었죠. 사람들은 딱히 해 줄 말이 없을 때 콕 집어 이야기합니다. '남자답다.'라는 말로 사태를 정리하죠.

남편도 아버지처럼 검은 피부에 쌍꺼풀 없는 눈인데 눈꼬리가 많이 내려갔어요. 고집스러운 성격이 딱 보였죠. 가늘고 얄팍한 입술은 차갑고 원칙주의자라는 걸 은연중에 말해주는 듯했어요.

그래서 남편과는 한 번으로 끝내야겠다고 생각했어요. 그런데요. 남편도 같은 생각이었다고 고백하더라고요. 묘한 기분이었어요. 남편은 나와의 첫 만남보다는 두 번째가 좋았고, 횟수를 거듭할수록 더 좋았다고 했어요. 웃는 모습에 반했다고요. 그가 가끔 말해요. 당신의 비밀은 얼굴에 있었다고….

요즘 구순인 어머니와 하루를 보내고 있어요. 어머니는 막내딸이 해 주는 세 끼를 드시며 웃어요. 천진한 어머니의 미소가 나를 웃게 하지요. 찬찬히 들여다보니 지인의 말처럼 어머니의 웃는 모습이 모나리자의 미소와 닮아 보여요. 어머니의 눈은 이제 깊고 평안합니다. 적당하게 내려앉은 콧대는 세상을 재는 데 무리가 없고요. 아직도 꾹 다문 입이 열릴 땐 조심스럽기까지 합니다. 어머니의 얼굴엔 구순의 인생 이야기가 있습니다. 자식들 몰래 흘린 눈물이 있기에 얼굴은 거짓말을 못 합니다.

얼굴은 인생을 담고 있기에 애써 치장해도 은연중 본연의 모습이 드러나는 게 아닐까요.

원맨독One Man Dog

 문 닫히는 소리에 '까망'이가 쪼르르 달려가 현관 앞에 얌전히 앉는다. 녀석의 뒷모습이 짠하다. '까망'이는 집에서 기르는 강아지 이름이다.

 녀석이 우리 집에 오기 전까지만 해도 남편은 내 말에 무조건 "응" 하던 사람이었다. 하지만 강아지 들이는 건 달가워하지 않았다. 그는 개가 가진 특이한 냄새를 싫어했다. 그렇더라도 생명이니 당장 녀석의 밥을 챙기고 산책시키는 일을 고심하지 않을 수 없었다. 몇 달만 같이 지내보자며 그를 설득했다. 주말 아침이었다. 식탁 밑에 웅크린 녀석을 못마땅한 표정으로 바라보던 남편이 말했다.

"사람들은 왜 반려견에게 집착하는 걸까?"

딸은 어떤 연구 논문을 언급하며 남편이 솔깃할 만한 내용을 들려주었다. 개 한 마리를 키우면 사람 수명이 십 년이나 연장된다는 이야기였다. 반려견이 곧 사람의 수명과 직결된다는 말에 남편의 입꼬리가 올라갔다. 녀석을 향한 그의 까칠한 눈빛도 순간 힘이 풀렸다. 이내 상기된 목소리로 "10년이나!" 목청을 돋우는 게 아닌가. 헤벌쭉한 얼굴로 발아래 쪼그려 앉은 녀석의 머리를 슬쩍 만졌다.

그 후, 녀석의 하루는 남편을 배웅하는 것으로 시작해 그가 잠자리에 들기까지 이어졌다. 마치 그의 애첩이라도 된 양 줄곧 찰거머리처럼 떨어지지 않았다. 그의 말에 귀를 쫑긋하고 행동에 예민하게 반응했다. 어떤 때는 알아듣기라도 한 양 눈을 껌뻑거리는 것이었다. 그 찰나를 놓칠세라 남편의 행동도 다소 묘해지곤 했다. 코 평수가 넓어지면서 콧소리가 나왔다.

"우리 까망이 오늘 뭐 했쪄요?"

남편은 연애할 때조차 하지 않던 느끼한 목소리로 녀석에게 반응하는 것이다. 어느 때는 유난히 녀석의 애교가 도를 넘을 때도 있다. 그런 날은 태연한 척 소파에 기대지만, 슬슬 배알이 꼬인다. 슬그머니 둘 사이를 비집고 들어가 엉덩이를 걸친다. 내가 할 수 있는 최소한의 시샘이다. 나름 나도 자존심이 있지 않겠는가. 그런데 난데없이 녀석이 돌발 행동을 한다. 소파에서 뛰어 내려와 남편을 쳐다보며 발라당 눕는 것이다. 남편이 배를 쓸어주면 녀석은 흥분한다. 그 다음은 남편 허벅지에다 몸을 비비는 행동으로 이어진다. 오랫동안 함께한 부부처럼 서로 스스럼없다. 하지만 아무리 좋은 사이라도 틈이 생기기 마련인 것을 누가 알리요.

어느 해 여름, 남편은 복달임을 핑계 삼아 회식을 끝내고 귀가하는 길이었다. 곧바로 집에 오기가 미안한지 한 시간이나 카페에 머물다 왔노라 했다. 아마도 몸에 밴 냄새를 커피 향으로 중화시키려고 한 모양이었다. 하지만 녀석의 코를 속인다는 게 어디 쉬운 일이던가. 녀석은 콜롬보 형사처럼 남편의 주변을 뱅그르르 돌더니만, 남편을 향해 송곳니를 드러내며 으르렁거렸다. 곧 녀석의 헛구역질이 이어졌다. 속았다는 배신감이 컸던 모양이다. 남편은 딱 한 번의 실수라며 잘못했다고 말하고 싶었을 것이지만, 이미 엎질러진 물이었다. 한동안 녀석은 남편 근처에도 가지 않았다. 그도 지쳤는지 녀석을 찾지 않았다.

남편이 기우는 사업을 일으켜 보겠다며 밤낮으로 뛰어다닐 즈음 어머님은 암 투병 중이었다. 불행이 겹쳐 우리 얼굴엔 버짐 꽃이 가득했다. 말수가 적은 남편은 배고프다, 피곤하다는 말로 모든 말을 대신했다. 속상한 일이 있어도 혼자 삭이거나 해결하는 식이었다.

출장이며 여러 모임이 많아 술자리가 잦던 시기였다. 그렇더라도 귀가 시간이 심상찮았다. 병환 중인 어머님을 모시고 있으니 큰 소리로 다그칠 수도 없어 가슴에 묻었다. 하지만 더는 참지 못하고 자존심이 끝내 바닥을 드러냈다. 그때 나도 녀석처럼 주위를 맴돌며 남편의 체취를 갈구했다. 정작 남편은, 정의 무게를 모르는 것 같았다.

요즘 주말만 되면 남편과 함께 치과에 간다. 내 앞에 턱을 받치고 '함께 갈 거지?'라며 눈빛으로 강요한다. 매번 혼자 가도 될 일에 나를 앞세운다. 그러길 벌써 석 달째다. 잠을 설친 탓에 남편의 눈이 퀭하다. 곧 받아야 할 잇몸 수술 때문이다. 나는 마취에 들어간 남편을 살핀 후, 1층 커피숍으로 내려간다. 괜스레 실소가 얼굴에 번진다. 과연 누가 '원맨독'이란 말인가.

진정한 소유

안국동 근처 찻집에서 몇몇 문인들과 만났다. 그날 함께한 문인이 오랫동안 회자하는 법정 스님의 《무소유》 관해 이야기했다. 여기저기서 책을 받고 보니 다섯 권이 되었단다. 그런데 현재는 한 권도 없어 결국엔 서점에서 다시 샀노라 했다. 그 말을 듣고 있으려니 가슴에 잔잔한 파문이 일었다.

한 달에 한두 번, 여자를 찾는 남자가 있었다. 그는 올 때마다 며칠씩 머물다가 뭍으로 가곤 했다. 시작은 좋았지만, 날이 갈수록 여간 성가신 게 아니었다. 그는 다소 권위의식이 있는 데다 자아도취가 심한 사람이었다. 망상에 사로잡히는 것도 한두 번이면 이해할 수 있었다. 하지만 전염병처럼 여자에게까지 옮기는 걸 허락하고 싶지 않았다.

그럴 때마다 '괜찮다'라며 여자를 다독였다. 언젠가는 헤어지리라 마음을 먹은 터였지만, 머릿속에 맴도는 말이 족쇄가 될 줄이야. 어머니가 늘 하시던 말씀, "그놈의 정이 뭐라고…." 아무짝에도 쓸모없는 정 때문에 공항으로 매번 마중을 나가곤 했다.

여자는 남자를 잘 안다고 생각했다. 오랫동안 잠결에 그의 얼굴을 더듬으며 그렸다. 여자의 봉긋한 가슴 위로 그가 올라왔다. 우리는 오래 사랑했다. 그는 여자에게 절대적이어야 했고, 오롯이 여자만이 소유할 수 있기를 바랐다. 그게 사랑의 본질이라 생각했다. 그런데 그는 여자를 이해하지 못했다. 여자가 무엇을 원하며, 사랑하는지를 몰랐다. 매번 다른 곳만 바라보며 투덜댔다.

남자는 본디 태어날 때부터 여자에게 향한 귀를 가지지 않았다. 좀 더 비약하자면 신은 남자란 족속에게 여자로 향하는 귀를 주지 않은 것 같다. 처음엔 상대에게 귀 기울이는 법을 배우지 않았기에 그러려니 했다. 그게 한때는 정확한 표현일 수도 있었으니 말이다.

남자가 오는 날, 여자의 모든 일정은 일시 정지 상태

로 돌입한다. 한동안 수족이던 리모컨은 그의 애첩으로 승격한다. 그의 가슴에서, 건장한 허벅지에서 떨어지지 않는다. 리모컨은 남자의 충족을 채워준다. 그는 버튼을 누르다 한곳에 머무는 경우가 많다. TV조선이다.

뉴스가 시작되면 남자는 연신 "맞아. 그래, 나쁜 새끼." 거칠게 반응한다. 소유하지 못한 정체성을 쌍욕으로 승화시키는 걸까. 도대체 뭘 원하는지, 뭐라는 건지 이해가 쉽지 않다. 여자가 다른 방송을 볼 때면 마치 불륜을 저지른 것처럼 남자에게는 죄인이 된다. 오로지 남자의 행보에 나란히 발을 맞춰야 한다.

남자가 좋아하는 걸 여자는 싫어하고, 남자가 마음에 간직하고자 하는 건 여자에게 망각의 산물이다. 이런 생각으로 여자는 자신이 관대하다는 착각 속에 빠져 삼십 년을 살아내고 있다. 언제부터였을까, 두 사람이 멀어지게 된 게…. 아마도 여자가 쓴 가면을 벗을 때였던 것 같다. 정숙하고 순종적이고 일부종사할 사람이 아니라고 소리치던 그 밤 말이다.

《무소유》에서 난초와 인연을 맺고 법정 스님은 여간 성가신 게 아니라고 했다. 소유하고 나니, 책임감에서 한시도 눈을 뗄 수 없었기 때문이다. 그러니 정성을 다했노라 했다. 그러다가도 스님이 자리를 비우는 날이면 돌볼 수가 없었다. 결국, 난초처럼 차분하고 말수가 적은 지인에게 보내버리자 서운함보다는 홀가분했단다. 스님은 이미 소유하고 있었다. 난초를…. 진정한 소유는 집착에서 벗어나는 것이었다.

불현듯 남자가 찾아오는 날이면 여자는 부담감에서 해방되지 못하고 있다는 걸 깨달았다. 그에게 집착한 게 아닌가 하는 생각에 사로잡혔다. 남자에게서 자유로워지고 싶지만, 뜻대로 안 되는 건 지독한 사랑 때문이 아니겠는가.

복잡한 생각으로 가득 찬 머릿속을 비우고 싶었다. 집을 나선 지 한 시간쯤 지났을까. 그날 문인의 말이 생각나 서점으로 들어갔다가 이내 다시 나왔다. 달리던 차가 신호를 받고 도로에 정차하고 있을 때였다. 때마침, 프리지어꽃을 선물로 받았는데 행복했다는 라디오 멘트가 흘러나왔다. 책에서 노란 프리지어꽃으로 마음이 옮겨갔다.

"사장님! 프리지어 있나요?"
"네, 요즘 졸업 시즌이라 제일 많이 찾아요."

마음에 둔 프리지어가 아닌 보랏빛 꽃 한 다발을 집어 들었다.

"사장님! 이 꽃 이름이 뭐죠?"

"스타티스요."

무심결에 고른 꽃은 수명이 한 달이며, 그 후엔 말려서 보관해도 된단다. 서둘러 집에 돌아와 화병에 꽂은 후, 꽃말을 찾아보았다. '영원한 사랑' 여자는 실소가 터졌다. 조금 전까지만 해도 사랑을 멈추고 싶었는데 말이다. 여자는 선심 쓰듯 남자에게 맞추고 있다고 생각했다. 돌아보면 남자를 소유하고 있었던 게 아닌가 싶다. 소유욕이 이성을 정지시키고, 눈을 멀게, 귀를 닫게 한 것이다. 그래서 고통이 따랐나 보다.

꿈속에서 나비가 된 장자의 호접지몽胡蝶之夢처럼 비움이 곧 평안임을 알겠다. 집착에서 벗어날 수 있을 때, 무소유의 세계로 들어가는 것이 아닐까. 우연히 집은 꽃처럼 마음속 깊은 곳에 소유를 새기면 될 것을….

폭설

 밤새 내린 눈에 여자의 집이 움푹 들어앉았다. 여자는 섬에 살면서 뭍에 오를 때마다 신간을 사들이곤 했다. 하지만 보름 전부터 소장한 도서 대부분을 육지로 보냈다. 일부는 중고 물품 판매 사이트 '당근'에 내놓았다. 그 후 며칠이나 지났을까. 여자의 폰에 "당근" 소리가 요란했다. 여성 작가 '임경선'의 소설책 여덟 권을 모두 사겠다는 이의 메시지였다. 구매 희망자는 수일 내로 제시한 금액을 보내겠다는 짧은 글을 남기고 대화방을 나갔다.
 일주일이 지나도록 구매자는 돈을 보내지 않았다. 포기했다고 생각하곤 명절이 가까이 온 터라 여자는 육지로 올라갔다. 명절 준비로 바쁜 중에 '벽공(碧空)님께서 입금했습니다.'라는 문자가 떴다. 소설책을 구매하겠다는 지난 톡이 생각났다. 육지에 있으니 내려가면 주겠노라고 했다. 구매자는 반값 택배를 원했지만, 보름 동안 기다려 주는 게 미안해서 여자는 집까지 배달해 주겠노라고 약속했다. 하필, 그날이 오늘이다.

눈에 갇혀 나갈 수 없다는 문자를 보내자, 같은 입장이란다. 남자분이냐고 물었더니, "네."한다. 왜 이 작가의 책만 원하는지 궁금하다고 했더니, 좋아하는데 이유가 있느냐며 반문하듯 받아친다. 그 말에 여자의 마음이 바람에 날리는 눈꽃 송이처럼 가벼워졌다.

젊은 날, 여자는 남편에게 어디가 마음에 들어 결혼을 결심했냐며 곱씹어 묻곤 했다. 그때마다 여자의 남편도 남자와 같은 대답을 했다. 확실한 사유가 있을 거로 생각했지만, 별다른 이유가 있지 않았다. 마냥 작가가 좋아서 책을 산 남자처럼 남편도 그냥 여자가 좋았던 거다.

갑작스레 남편의 존재감을 느끼게 해 준 남자가 궁금했다. 호기심은 언 땅에 고개를 내미는 새싹처럼 폭설로 고립됐던 여자의 마음을 부추겼다. 한 번쯤《나의 남자》에 등장하는 여자주인공처럼 마음이 가는 대로 살고 싶었다. 새로운 세상을 향해 비상하길 갈망했지만, 실행에 옮기지 못한 채 오랫동안 방황했다.

 한라산 언저리에 겹겹이 쌓인 눈처럼 대화방에서도 하얀 말들이 소복하게 쌓여만 갔다. 서로가 글 쓰는 일을 한다는 걸 알기까지 오래 걸리지 않았다. 남자는 SNS에 올린 최근의 글을 공유하고 싶다고 했다. 왜 제주도에 내려왔는지, 현재는 무엇을 하며 사는지 말했다. 그리곤 술 없이는 버티기가 힘들다는 말을 보탰다. 여자도 지난날의 이야기를 쏟아냈다. 속박에서 어떻게 빠져나왔는지 넌지시 일러주며 눈이 그치는 날을 기약했다.

 한라산이 폭설로 통제됐다는 뉴스가 TV 화면을 도배했다. 지난 폭설에도 여자는 꿋꿋했다. 하지만 오늘은, 숨 고르는 것조차 버겁다. 밤새 쌓인 눈 때문일까, 깊숙한 바닷속에 갇힌 기분이었다. 매양 씩씩하던 여자의 얼굴에 외로움의 부스러기들이 흩어졌다. 꽉 쥔 주먹으로 가슴을 치며 거실 주위를 뱅뱅 돌다 끝내 소리 내어 울부짖다 힘없이 소파에 걸터앉았다. 긴 한숨이 새어 나왔다.

 제주도에 내려올 즈음 여자에게는 아물지 않은 상처

가 있었다. 자신에게 무심한 남편이 자기 탓인 양 타인의 시선이 두려워 속내를 감추고 살았다. 그래서일까. 여자는 무엇에나 깊이 천착하지 못했다. 미궁에 갇히는 것에, 길드는 것에, 참는 것에 익숙한 탓이었다. 단호하지 못한 성격도 한몫했다. 그런 여자에게 어느 날 의문이 생기기 시작했다. 누굴 위하여 잠수함 같은 설원 속에서 머물러야만 하는가. 이 안에 버텨 낼 산소는 얼마나 남아 있는가. 수면 위로 언제 오를 수 있을까. 폭설이 내리는 동안 여자는 산송장처럼 침대 속에서 꼼짝하지 않은 채 생각의 늪으로 빠져들었다.

이튿날, 정오의 볕이, 젖은 빨래처럼 늘어진 노란 외벽의 물기를 걷어내고 있었다. 타운하우스의 빨간 지붕이 모습을 드러낼 때였다. 핸드폰에 남자의 톡이 올라왔다. 한겨울에 폭설을 뚫고 날아온 나비였다.

"지금, 산책하러 나가는데 시간 괜찮아요?"

여자는 이불 속에서 비스듬히 몸을 일으켜 세우곤 뜸을 들이다가 거짓말을 했다.

"지금 밖인데요."

전화가 끊어진 듯 남자는 말이 없다. 해 질 녘에 만나

자며 톡을 보내자, 남자는 오후 5시에 OOO, 카페에서 보자고 했다.

 오후 4시, 여자는 욕실의 거울 속에 또 다른 누군가와 마주하고 섰다. 무표정한 중년 여성이 거울 속에서 빤히 여자를 쳐다보았다. 축 늘어진 가슴, 불룩한 배, 허벅지에 붙은 살덩어리에 시선이 멈추었다. 여자는 고개를 저었다. 긴 한숨을 들이키며 이번에는 천천히 팔을 쳐들어 보았다. 비상하지 못한 새의 날갯죽지를 들여다보듯, 여자는 한동안 겨드랑이에 눈이 머물렀다. 오래도록 날지 못해 퇴화했을 거라고 여겼던 새의 날개는 여전했다. 날갯죽지에 퇴적된 원망과 슬픔을 털어내 버린다면 훨훨 날 수 있으리라. 립스틱을 꺼냈다. 명자꽃 색깔로 입술을 마무리하고 양옆으로 입을 늘려 보조개를 만들었다. 윗입술과 아랫입술을 "빠빠빠"하고, 고개를 45도로 비스듬히 숙여보았다. 콧소리로 "안녕하세요? OO 님이시죠?"를 반복해 가며 거울 속에서 여자는 달게 웃었다.

 한적한 시골 골목길에 있는 자그마한 카페에 삼십 분이 지나서야 도착했다. 구석에서 신문을 보는 사람이라고 확신했지만, 모른 척하며 전화를 걸었다. 그러자 탁자 위에 놓인 핸드폰이 빙그르르 돌았다. 남자가 입구 쪽을 향해 고개를 들었다. 반쯤 마셔버린 물컵을 만지작거리다 남자가 메뉴판을 밀었다. 여자는 캐러멜 마키아토를, 남자는 아메리카노를 주문했다.

여자는 산책을 좋아하는지 물었고, 남자는 칸트처럼 규칙적으로 살고 싶어 자주 걷는 편이라고 했다. 순간, 여자의 눈에 폭설 쌓인 마당 빨랫줄에서 빨래가 눈부시게 빛나는 장면이 스쳤다. 남자가 쓴 커피 한 모금을 삼키더니, 칸트의 행복 조건을 이야기했다. 할 일, 사랑할 사람, 희망이 있으면 행복한 사람이라는 것이었다. 여자는 두 가지는 실행한다고 생각했다. 서툴지만 내면을 그리는 일과 진즉에 남편을 용서한다고 말했으니까. 그렇다면 나머지 하나, 자신에게 속한 희망은 뭘까, 하며 생의 실타래를 풀고 있을 때였다.

"그만 일어날까요?"

남자가 신문을 가방에 넣으며 말했다. 계산대 앞으로 걸어가는 남자를 보며 여자는 서둘러 자리에서 일어나 목에 목도리를 휘휘 감았다. 출입문에 달린 풍경이 땅거미를 재우는 바람 소리에 흔들렸다. 여자는 뒤따라가던 걸음을 멈추고 우두망찰 섰다. 남자의 그림자가 우측으로 한 자나 기울어 있었다. 여자의 얼굴에 자조 섞인 미소가 스쳤다. 산책 나왔다 했으니 차도 없을 터, 눈 속을 걸어가야 할 남자에게 조수석의 창문을 내리며 남자에게 말했다.

"눈이 많이 올 것 같아요, 타세요."

집으로 돌아오는 길, 눈발은 더 굵어져 있었다.

| 서평 |

자기 회복을 위한 외로움과의 공존

최연실의 《나리꽃은 잘 있나요》의 작품세계

엄현옥
(수필가, 문학평론가)

1. 들어가며

《나리꽃은 잘 있나요》는 2018년 월간 《수필과비평》으로 등단하여 원석문학회를 중심으로 문학에의 열정을 키워가는 최연실 작가의 첫 수필집이다. 통상 작가의 첫 번째 수필집에는 작가의 신변과 일상에서 건진 단편적인 화소를 토대로 한 수필로 묶이기 마련이다. 《나리꽃은 잘 있나요》는 이런 방식과는 다소 거리를 두고 있다. 지난 시절의 단순한 회상이나 기억의 복원에 머무르지 않고, 과거의 나에서 시작해 현재의 나를 향해 열려 있다는 점에서 첫 작품집으로서 고무적이라 할 만하다.

최연실 작가가 자신과의 내적 갈등을 치유하는 방식은 우회적이기보다는 정면 돌파다. 정신적으로 피폐해진 일상에서 돌파구를 찾고자 제주로 터를 옮기고, 자신만의 뿌리 내리기를 시도한다. 이런 경험이 단순한 재현에 머무르지 않고 작품 안에서 심미적 관점으로 새롭게 재구성되어 해석의 보편성을 확보한다.

《나리꽃은 잘 있나요》에 실린 40여 편의 수필을 개괄하면, 1부는 서울에서 제주라는 공간의 전환을 통한 내면의 탐색이 담겨 있다. 자연과 고요가 있는 제주로 삶의 무대를 옮긴 작가에게 이주移住는 물리적 배경 변화의 의미를 넘어선 감정의 지형으로 기능한다. 인간과 인공지능 관계와, 자아에 대한 성찰을 엿볼 수 있는 2부는 생성형 AI를 토대로 한 문학적 상상력을 섬세하고 서정적인 필치로 풀어 내면의 자유로 나아간다. 비유와 상징을 통한 기억의 복원과 여성의 내면 서사로 이루어진 3, 4부에 이르기까지 장면마다 감정의 결이 다층적으로 흐르고 있음을 알 수 있다.

현대 사회에서의 외로움은 피할 수 없는 정서다. 디지털 기술로 언제 어디서든 연결될 수 있음에도, 사람들은 깊은 고립감을 느낀다. 외로움은 인간을 무력하게 하고 존재의 본질을 되묻는다. 이러한 외로움은 단순히 부정적인 감정으로 치부될 수 없다. 도리어 자기 회복의 단초가 될 수 있으며, 내면을 들여다보는 계기가 되기도 한다.

본 서평에서는《나리꽃은 잘 있나요》에 담긴 외로움과 공존하는 작가가 회복력을 촉진하고, 진정한 자아로 나아가는 과정에 집중하고자 한다. 외로움을 단순한 결핍으로 보지 않고, 외로움과 함께 머물며 회복하는 여정에 담긴 내면적 성장과정에 주목하였다.

2. 외로움과의 공존을 택한 서사

〈글방에서 듣는 소리〉는 한적한 제주도의 서재를 배경으로, 자연과 일상의 소리 속에서 자신의 내면을 되짚는 작품이다. 이 글에는 작가의 삶과 상실, 치유, 존재에 대한 탐색이 소리와 자연의 이미지를 통해 섬세하게 펼쳐진다. 작품에서 시간의 흐름은 선형적이지 않고, 과거와 현재가 자유롭게 교차되며, 회상의 방식으로 구성되어 몰입감을 높인다. 구체적인 사물과 감각을 통해 삶의 보편적 진실을 은유하는 방식은 이 작품의 문학적 깊이를 더하는 요소로 작용한다. 감각적 묘사와 진솔한 고백, 삶에 대한 겸허한 태도로 자신의 내면을 성찰하고, 그 사유를 감각과 언어로 풀어내는 섬세함이 돋보인다.

작가는 제주라는 특정 공간에서 자연과의 조화를 강조한다. 이 글에서의 청각적 이미지는 일상의 감정선線과 섬세하게 포착한 자연음으로 연결된다. 안개 걷힌 한라산, 장끼 소리, 가지꽃, 호박꽃 등의 자연물은 단지 배경이 아니라 사유가 깃든 정서적 존재로 작용한다.

이른 주말 아침, 창밖을 보니 한라산을 붙잡고 있던 안개가 스르륵 걷히고 있습니다. 어디선가 까투리를 찾는 장끼 소리에 눈을 떴습니다. 밤새 세차게 불던 바람도 누그러져 연두 이파리와 장난 중입니다. 보랏빛 가지 꽃이 오므렸던 꽃잎을 반듯하게 세우느라 애를 씁니다.

"토도독, 톡." 호박잎에 떨어지는 빗방울 소리가 경쾌합니다. "투 투두둑" 며칠 전 북을 준 텃밭 위를 빗줄기가 장난스레 지나갑니다. 맨 뒷줄에서 하얀 고추꽃이 바람에 살랑이며 스텝을 준비합니다. 주방 쪽에서도 "드르륵드르륵" 원두가 리듬을 맞춥니다. 아마도 남편이 모닝커피를 준비하나 봅니다. 이 모든 게 나의 아침을 풍요롭

게 합니다.

— 〈글방에서 듣는 소리〉 중에서

인용문에서와 같이 "드르륵드르륵"으로 묘사된 원두 갈리는 소리와 "토도독, 톡", "투 투두둑" 등 호박잎과 텃밭 위로 떨어지는 빗방울 소리는 미세한 차이로 청각을 시각화한다. 작가가 제주 살이를 통해 일상의 소리에 민감해지고 관심이 생겼다는 점은 간과할 수 없는 지점이다. 인간 내면의 소리와 맞물리며 깊은 사유로 이어지는 소리를 통해 감각적 경험이 철학적 사유로 전환된다.

온갖 꽃들의 생동감이 무색할 정도로 우리 집에는 어둡고, 슬픈 소리가 정원 안팎으로 스며들었습니다. 언제부터인지 굵은 첼로의 애절한 저음이 안방에서 건넌방으로 옮겨갔습니다. 그 소리도 점차 잦아들 즈음, 자유로워지고 싶은 불경한 마음이 내 안에 꿈틀거렸습니다.

항암 치료를 받고 오신 어머님은 고통을 이기려 안방을 빙글빙글 돌면서 반야심경을 읊조렸습니다. 그러나 며느리인 내 입술에서는 본능적으로 사도신경이 흘러나왔습니다. 이별의 시간을 목전에 둔 남편 앞에서 나는 겉으로만 안타까워했습니다. 속으로는 차라리 고통을 멈추는 게 인간적이라고 생각했습니다. 그날 이후로 우리 부부는 한동안 소원해졌습니다.

- 〈글방에서 듣는 소리〉 중에서

꽃이 피고 지는 모습에서 어머니의 생애와 죽음을 떠올리게 한 자연의 순환은 인간 존재의 덧없음과 연속성을 상징한다. 바람 소리, 빗방울, 벌의 움직임에 이르기까지 자연이 건네는 언너에서 마음의 소리를 듣는 작가의 감수성은 자연과 인간의 경계를 허물고, 삶이라는 보편적 경험을 확장시킨다.

〈글방에서 듣는 소리〉는 표면적으로는 제주도의 아침 풍경을 섬세히 그린 수필이지만, 그 밑바닥에는 어머니를 잃은 슬픔, 가족과의 갈등, 자기 성찰과 글쓰기 대한 다짐 등 묵직한 주제가 흐른다. 항암치료 중 돌아가신 어머니에 대한 기억, 반야심경과 사도신경이 엇갈리는 장면은 문화적, 종교적 정체성의 혼란과 동시에 죄책감, 연민, 용서라는 내면의 갈등으로 드러난다. "나는 겉으로만 안타까워했다."는 작가의 고백은 자기반성을 하는 작가의 진솔한 모습으로 독자로 하여금 삶의 본질에 대해 돌아보게 한다.

자연의 조용한 소리와 커피 향, 남편과의 교감은 글쓰기를 통해 작가의 삶이 회복해 가는 중임을 암시한다. 소리로부터 삶의 진실을 듣고, 그것을 글로 새긴다는 창작과 존재의 연결은 "겹겹이 포개어있던 꽃잎이 벌어지는 날까지 마음의 소리를 글에 담아보려 합니다."라는 결미에 이르러 주제를 명징하게 드러낸다.

자신을 일깨워준 자연에서 내면의 소리를 듣고, 그 소리를 글이라는 방식으로 응축하는 행위는 이 글에서 작가가 말하고자 하는 삶의 태도이다.

표제작인 〈나리꽃은 잘 있나요〉에서는 '나리꽃'을 둘러싼 단순한 감정의 회오리보다 여성으로서 설렘과 자존감에 대한 탐구로 이어진다. 가족과 일상이라는 궤도 안에 자아가 잠식되었다고 생각해온 작가가 한 송이 나리꽃을 통해 잊고 있던 자신을 다시 바라보는 과정을 섬세하게 포착한다. 이 글을 배회하는 공허함과 외로움은 고통이나 결핍이 아니라, 자기 회복으로 나아가기 위한 감정의 진원지임을 보여준다. 여기에서 제주라는 배경은 고요하고 생명력 있는 정서적 무대로 작용한다. 자기 회복을 향한 외로움과의 공존을 고백하지만 감상에 치우치지 않는 수위 조절에서 글의 힘이 느껴진다.

지인에게서 "나리꽃을 닮았다."는 말을 들은 작가는 마치 잊고 있던 자신을 발견한 듯 충동적으로 꽃을 심는다. 이후 나리꽃을 바라보며 느끼는 감정은 단순한 자연 관조가 아니라, 자기 존재에 대한 회복적 사유다. 바람에 흔들리면서도 도도하게 중심을 지키는 암술의 자태는 유혹과 흔들림 속에서도 자기 정체성을 지켜내는 자존감을 은유한다.

'누군가의 아내'와 '엄마'로 살아온 작가와, 남편과의 소통의 부재를 극명하게 보여주는 장면을 따라가 보자.

> 육지에 있는 남편에게 전화를 걸었습니다.
> "여보, 당신은 내가 뭘 좋아하는지, 무얼 잘 먹는지 알고 있어요?"
> 식전 댓바람부터 뜬금없는 질문에 전화기는 먹통이 된 듯했습니다. 한동안 침묵만 흐르다 영혼이 박제되어 버린 듯한 남편의 소리가 들렸습니다.
> "당신은 뭐든지 다 잘 먹고, 현금을 제일 좋아하잖아."
> 어이가 없었습니다. '너란 여자는 잡식성이고, 속물이잖아.'라고 말하는 것 같았어요. 더는 듣고 싶지 않았기에 전화를 끊었습니다. 나는 남편에 관한 거라면 머리부터

발끝까지 모르는 게 없는데 저리도 무심한 건가요. 서운한 마음에 다시 핸드폰을 들었습니다.

"여보! 나는 보신탕도, 닭똥집도 못 먹어요, 당신은 내가 나리꽃을 좋아하는 것도 모르잖아!"

가시 돋친 말을 퍼붓곤 버튼을 꾹 눌렀습니다.

– 〈나리꽃은 잘 있나요〉 중에서

결혼 생활 동안 쌓인 남편을 향한 무심함과 서운함은 "여보! 나는 보신탕도, 닭똥집도 못 먹어요, 당신은 내가 나리꽃을 좋아하는 것도 모르잖아!"라는 절규로 분출된다. 그러나 절규의 근저에는 "나는 누구인가"라는 근본적인 물음이 숨어 있다. '변치 않는 귀여움'이라는 꽃말을 지닌 나리꽃을 통해 화자는 잃어버린 자기 정체성과 감정을 회복하려한다. "그래도 두근거릴 줄 아는 내가 좋았다."는 문장은 중요한 자기 선언이며, 감정이 무감각해진 채 살아가던 상태에서 벗어나 자기 감정을 인정하는 자각의 순간이다.

작가는 외롭지만 그 외로움을 이기려 애쓰거나 도망치지 않는다. 외롭기 때문에 나리꽃을 심고, 영화 《매디슨 카운티의 다리》를 떠올린다. 외롭기 때문에 남편에게 묻고, 무심한 답변에 분노하지만 남편의 짧은 문자에 조용히 웃는다. 외로움에서 기인한 모든 감정은 작가를 자신에게로 되돌아오게 하는 유일한 길이다. 외로움을 응시하고 받아들이며, 그 안에서 자신을 만난 이 수필이 울림을 주는 이유는 외로움이 부정적 감정으로만 소비되지 않고 자기 성찰과 회복의 공간으로 전환한다는 점에 있다.

글의 말미에서 화자는 안개 속에서도 언젠가 모습을 드러낼 한라산 봉우리를 언급한다. 그것은 삶의 방향성과 자기 존재의 실체를 찾는 희망의 이미지로 다가온다. "안개가 걷히고 나면, 나도 그렇게 살아갈 테지요."라는 말은 변화된 관계를 의미하는 것이 아니다. 삶과 자신을 받아들이고 살아가겠다는 조용한 다짐이자 〈나리꽃은 잘 있나요〉가 전하는 메시지다. 외로움과 공존할 줄 아는 사람만이 온전한 자기 회복을 이룰 수 있다.

〈나란 여자, 너란 남자〉에는 오랜 시간 동안 쌓인 소통의 부재로 인한 부부 간의 갈등으로 인한 각자의 상처가 날것 그대로 드러난다. 여자의 시선에서 보면 무심하고 냉소적인 남편이지만, 남자의 시선에서는 다른 온도와 피로가 느껴져 독자 스스로의 판단을 유도한다. 작가는 외로움을 부정하거나 극복하려 하지 않고, 결핍이 아닌 존재의 조건으로 받아들인다.

3. 다르게 살아보기를 통한 자아 탐색

〈무소의 뿔처럼〉, 〈애월涯月의 공벌레〉, 〈애월수작涯月酬酌〉, 〈이소離巢〉 등의 작품은 제주라는 낯선 공간에서 다르게 살아보기를 실천한 작가의 내면 여정을 따라간다는 점에서 공통적인 주제를 품고 있다.

〈무소의 뿔처럼〉은 삶의 방식이 다른 자매간의 갈등과 화해를 통해 자아란 타인과의 동일성과 차이를 자각하는 과정임을 보여준다. 작가는 제주도 정착이라는 선택을 통해 스스로의 삶을 개척하지만 언니는 그것을 방황으로 받아들인다. 결국 그 갈등은 삶에 대한 태도와 해석의 차이에서 비롯된 갈등이라는 점에서, 자아는 고립된 섬이 아닌 관계 속에서 비로소 드러나는 것임을 시사한다.

〈무소의 뿔처럼〉에 담긴 핵심적인 문학적 장치는 제목에 드러난 "무소의 뿔"이다. 무소의 뿔은 불교 경전 '숫타니파타'에 나오는 표현으로, 세속과 욕망에서 벗어나 외롭더라도 독립적으로 살라는 수행자의 자세를 의미한다. 공지영 작가의 소설 속 주인공 역시 독립적인 삶과 자아 정체성 탐색을 상징한다. 그녀는 가부장제 사회와 위선적인 인간관계에서 벗어나 혼자 살아가는 존재로 나아가려는 의지를 드러냈다. 작가의 제주 살이에 대한 언니와의 대화나 의견 충돌 속에서도 자신의 삶을 지켜내려는 자세는 나름의 논리와 일관성이 있다. "무소의 뿔처럼"이라는 이 글의 제목은 혼자 걷는 용기와 외로움에 대한 성찰이다.

〈애월의 공벌레〉는 일상의 굴레에서 벗어나 홀로서기를 시도한 자신의 이야기를 공벌레에 투영한다. 억눌린 감정과 무너진 관계 속에서 자유라는 이름의 공간을 찾아 나선 작가는 스스로의 내면이 닫힌 채 여전히 과거의 감정에 갇혀 있음을 깨닫는다. 스스로를 보호하고 싶은 심리를 상징적으로 보여주는 장치인 공벌레를 통해 결국 진정한 변화는 외부가 아니라 내면의 태도에서 비롯된다는 통찰에 이른다.

작가의 제주살이에 대한 변辯은 〈이소離巢〉에서도 이어진다. 작가는 삭막한 도시의 반복되는 삶에서 현재의 자신을 부정하며 섬 생활을 시작했다. 오름과 억새에 취해 섬을 발로 누볐으나 문제가 저절로 풀리는 것은 아니었다.

그렇게 한 해가 저물 무렵이면 나는 겨울 문턱에 서 있었다. 나목에 백설이 소담스러운 꽃을 피우기 시작하면 잘 살고 있노라고 내심 자신을 토닥였다. 자연을 몸속에 채우고 채워도 화산이 휩쓸고 간 현무암처럼 깊게 파인 구멍은 여전했다. 그곳으로 외로움이라는 매서운 바람이 들락거렸다. 쉴 새 없이 옷깃을 여미며, 나는 왜? 스스로 외로워지는 데 온 힘을 쏟는가 라는 의문에서 벗어나지 못했다.(중략)

남편도 그랬다. 제주도에 나를 혼자 보내놓고 마음이 편치 않은지, 잦은 안부를 물었다. 그러는 사이 마찰이 줄어들었다. 삐걱거렸던 무수한 날이 점점 퇴색되어간다. 사랑하는 이들을 두고 나는 무엇을 찾아 이곳까지 왔을까. 가족과 떨어져 홀로 지내는 시간이 길어질수록 사유도 깊어질 것으로 생각했다. 그 덫에서 허우적대는 나를, 외면하고 있는지도 모른다. 그래서일까. 이소할 때 당당했던 봄날의 볕은 시들해지고 한 해가 무심히 저물어간다.

- 〈이소離巢〉 중에서

남편과의 갈등이 점차 희석되면서 다르게 살아보기에

대한 본격적인 성찰은 이어진다. 개인적인 선택이었던 제주로의 이주가 내면의 외로움으로 확장되는 과정을 보여준 〈애월수작〉은 고독 속에서도 사라지지 않은 관계에 대한 갈망의 시간이 담겨 있다. 혼술 속 월하독작은 스스로를 위로하고 다독이는 치유의 시간이며, 술잔 속 달과의 대화는 다르게 살아보기의 쓸쓸함을 드러내지만 자아의 경계를 넓히는 계기로 작용한다.

위에서 인용한 작품들은 공간의 이동이 곧 존재의 이동임을 역설한다. 작가는 섬에서 자신을 성찰하고, 기존의 삶을 재해석하며, 타인과의 관계를 정립한다. 《나리꽃은 잘 있나요》에 빈번히 등장하는 다르게 살아보기의 기록은 단순한 일탈이 아니라, 자아를 되묻고 다듬는 성찰적 여정이다. 결국 작가는 제주라는 공간에서 자신만의 목소리와 생존 방식을 찾으며, 고요하지만 단단한 존재로 나아간다. 이를 통해 작가의 감정, 갈등, 외로움, 자아에 대한 탐색 등이 섬세하고 밀도 있게 전달된다.

작가의 상상력이 돋보이는 〈공상가와 몽상가〉에는 인간과 인공 지능의 윤리적 갈등이 담겨있다. 다른 삶에 대한 갈망을 품은 작가는 상상 속에서 이상형을 본뜬 AI 로봇인 배우 한석규, 니컬러스 케이지와 함께 살며 위안을 얻는다. 대체된 인간관계인 그들과 동거하며 현실의 결핍을 보완하지만 이 관계는 점점 일방적 투사와 자위적 환상으로 드러난다. AI는 화자의 감정과 언어를 이해하는 것처럼 반응하지만, 그 반응은 언제나 알고리즘의 계산에 불과하다. 여기서 우리는 진정한 타자와의 만남이 결핍된 세계에서 인간이 어떻게 존재의 외로움과 윤리의 딜레마를 경험하게 되는지를 확인하게 된다.

두 달 전, 홀로서기를 선언한 그녀는 AI 로봇 전시장을 찾았다. 혼자가 되길 원했는데 아이러니한 선택이었다. 인간들은 별별 기준으로 이상형을 말하는데, 그녀가 우선순위로 꼽는 건 목소리와 눈빛이다. 하지만 그녀가 남편에게 받은 합의금으로 한석규 목소리에 니컬러스 케이지의 눈을 다 갖기에는 턱없이 부족하다. 우선 기본형 로봇에 한석규와 니컬러스 케이지를 각각 세팅한 후에 그녀의 성격과 나이에 맞게 조정했다.(중략)

현실 가능성이 없는 것을 공상하는 K, 그의 백일몽 같은 이야기를 듣다 보면 설마 하면서도 상상 속에 나를 맡긴다. 몽상가가 된다. 하지만, 나는 누군가를 사랑하는 것도 서툰 사람이 아니던가. 가까운 이들과 상호작용도 부족하기에 현재의 삶도 벅차다. 내가 사는 세상이 로봇에 의해 지배되는 날이 올까. 올지도 모른다. 그렇다면 나는 무엇을 준비해야 하는 거지?

- 〈공상가와 몽상가〉중에서

  영화《Her》에서도 로봇과 함께 살아가는 미래가 펼쳐지듯, 공상가 K의 말대로라면 미래는 빈부 차이에 따라 소유한 로봇의 사양이 달라진다고 한다. AI가 작가의 감정을 읽고 반응하지만 로봇과의 관계는 독립된 주체로서의 인간이 아닌 기계라는 점에서, 관계의 본질적 부재를 경험한다. 공상은 순간의 위안이 되지만 결국 실존적 고립의 연장일 뿐이며, 자유는 오히려 더 큰 고독으로 귀결된다는 사실을 직시한다. 인간과 기계의 경계가 무너진 사랑의 환상은 결국 실망만을 안길 뿐이다.

  〈공상가와 몽상가〉에서 작가는 현실과 미래를 넘나드는 상상력을 서정적인 묘사와 사색적 문체로 구사한다. 여기에서 AI가 자신의 감정과 사유를 읽고 반응하는듯 하지만 본질적인 타자성, 즉 독립된 주체로서의 인간이 아닌 기계와의 관계라는 점에서, 관계의 본질적 부재를 경험한다. 미래 사회에 대한 공상에 머무르지 않고 AI와의 공존 가능성을 자신의 삶에 대입시켜 진정한 관계의 의미에 천착한다. 기술이 주는 위안과 인간성의 상실 사이에서의 갈등 중인 작가는 영화 속 배경인 2025년을 살고 있다. 현실과 상상의 경계에서 삶을 성찰하는 결미의 독백이 시선을 붙든다.

4. 기억의 복원과 여성의 내면 서사

〈십 년 후에 우리는〉, 〈양파 이야기〉, 〈얼굴 속의 비밀〉, 〈원맨독〉, 〈진정한 소유〉로 이어지는 일련의 작품들은 세월을 관통한 기억의 복원과 여성의 내면 서사를 정갈하게 풀어낸다. 삶의 회한과 여성 정체성, 그리고 사랑과 관계의 본질에 대한 진지한 성찰을 담아 서로 느슨하게 연결되어 있다.

〈십 년 후에 우리는〉은 세 자매의 삶을 축으로 1970~1990년대 한국 여성의 삶을 되짚는다. 학림다방에서 시작해 과거와 현재를 오가며 진행된 서사에서 작가는 회상의 프리즘을 통해 과거를 흑백 사진처럼 끄집어내고, 이를 통해 성장과 반성을 병치시킨다. 특히 극명하게 대비되는 두 언니의 성향은 화자의 내면 분열과 성장의 기제가 된다. 큰언니가 이성의 대변자라면 작은언니는 감성의 화신이다. 그들 사이에서 정체성을 조율

하는 화자는 언니에게 그날의 기억을 복기하자는 듯 조곤조곤한 대화체로 글을 이어간다.

이 글을 배회하는 그 시절의 기억은 단순한 회상이 아니라, 작가가 그 날의 추억을 토대로 지금의 자신이 존재하기까지의 근원을 되짚는 작업이다. 작은언니의 떡볶이 장사, 세 자매의 제주도 여행, 북한강을 찾았던 아침 등의 에피소드는 개인의 기억에 머무르지 않고 이 땅의 근대 여성의 서사적 축으로 작용한다.

> 제주도에서 마지막 날 밤, 두 언니는 놀라는 눈치였어. 자신들이 아닌, 막내가 일을 냈으니 말이야. 혼자 살아보겠다는 나를 이상한 눈으로 쳐다봤지. 하지만 묻지도 않고 큰언니는 내게 박수를 보냈어. 오히려 손뼉 칠 것 같은 작은 언니의 반응이 의외였어. 내게 거친 말을 하며 달려들었으니 말이야. 그 후 오 년이 훌쩍 지났어. 그때 우리는 십 년 후에 어떻게 살고 있을까? 라는 이야기로 막을 내린 것 기억하지?
> – 〈십 년 후에 우리는〉 중에서

나는 누구이며 어떻게 살아왔고, 앞으로 어떻게 살아가야 하는가에 대한 자문과 응답을 통해 수필 속의 화자들은 완성된 인물이 아니라, 여전히 희망을 가진 존재임을 암시한다. 작가는 사랑을 찾아 제주로 내려왔으나 오름에 온통 마음을 빼앗기고 안식년을 선사한 남편에게 고마움을 느낀다. 이 과정은 부정적인 상황에서 심리적 균형을 회복하고 적응하며 성장하는 능력인 회복탄력성 Resilience으로 작용한다.

상징과 메타포로 구현된 자아 인식의 서사가 담긴 〈양파 이야기〉는 양파라는 상징을 통해 인간 내면을 비유한다. 겹겹이 싸인 양파의 껍질은 타인에게 쉽게 보여주지 않는 일종의 자기방어의 메타포다. 이 글에서 등장하는 'P'는 자신의 진심을 끝끝내 드러내지 않는 인물이며, 화자는 그녀에게서 자신의 모습을 투영한다.

> 겹겹이 에워싼 철옹성처럼 그녀의 옷은 갑옷처럼 갑갑해 보였다. 얼굴엔 알 수 없는 그림자가 그늘을 만들었다. 말 못 할 사정이 있을 거라고 이해하면서도 안달 난 사람처럼 나는 흥분할 때가 더 많았다. 그녀를 내가 좋아하게 된 이유는, 나도 속내를 드러내지 않고 살고 싶은 생각이 든 때문이었다.(중략)
> 그때처럼 나는 속을 보여 달라고 채근하며 날카로운

칼끝을 들이댄다. 단단하고 견고했던 철옹성이 순식간에 무너진다. 잘린 조각들이 내게 말을 건다. 살아내려고 하지 말고 그냥 살아지는 게 삶이란다. 품어져 나온 내면의 응어리가 눈과 코를 자극한다. 아무리 용을 써도 매운맛은 팔팔 끓는 작은 옹기 안에서 사그라질 것이다. 절명의 순간에야 양파는 숨긴 단맛을 내놓는다. 한때 양파처럼 살고 싶어 애간장을 끓인 과거를 떠올리며 된장찌개를 식탁으로 옮긴다.

- 〈양파 이야기〉 중에서

속내가 드러나는 관계에서 벗어나고 싶었던 작가이기에 양파를 씻는 모습 역시 그러한 내면을 반영한다. "단맛을 내기 전까지 매운 향으로 눈물부터 자아낸다."는 양파의 묘사는 인간 내면의 역설이며 관계의 투명성과 기대가 충돌할 때의 복합적인 감정을 섬세하게 포착한다.

〈원맨독〉은 반려견을 중심으로 재편성된 관계의 지형을 유쾌하면서도 섬세하게 드러낸다. 남편과 강아지의 애착은 작가로 하여금 소외감과 질투를 유발하고, 남편과의 정서적 이탈의 상징이 된다. 이는 강아지가 남편에게 보여주는 충성심이 단순한 질투를 넘어 화자의 존재감을 희석시킨다. 이렇듯 반려견에 집착하던 남편에게 변화의 기류가 인다.

> 요즘 주말만 되면 남편과 함께 치과에 간다. 내 앞에 턱을 받치고 '함께 갈 거지?'라며 눈빛으로 강요한다. 매번 혼자 가도 될 일에 나를 앞세운다. 그러길 벌써 석 달째다. 잠을 설친 탓에 남편의 눈이 퀭하다. 곧 받아야 할 잇몸 수술 때문이다. 나는 마취에 들어간 남편을 살핀 후, 1층 커피숍으로 내려간다. 괜스레 실소가 얼굴에 번진다. 과연 누가 '원맨독'이란 말인가.
>
> – 〈원맨독〉 중에서

인용문에서와 같이 〈원맨독〉의 중심축은 서운한 정서에 머무르지 않는다. 반려견은 한때 질투의 대상이었으나 작가는 공동체로서의 가족을 유지하려는 균형 잡힌 시선을 유지한다. 이 글에서의 반려견은 사랑의 대체재가 아니라 사랑의 중재자 역할을 하며 이를 통해 관계의 긴장을 완화시킬 수 있음을 암시한다. "누가 '원맨독'이란 말인가."라는 결미의 자문自問은 과잉 설명 없이 결정적인 장면을 정서적으로 이끌어낸다. 구성 면에서 보면 일상적 경험을 중심축으로 하지만, 내면의 갈등과 인식의 전환에 이르기까지의 반전이 매끄럽다.

〈진정한 소유〉는 법정 스님의 《무소유》를 인용하면서 소유와 집착의 개념을 삶과 사랑의 관계 속에서 재해석한다. 이 글에서의 중심 화소는 자신만의 삶을 살고자 하는 욕망과 타인의 기대에 맞춰 살아야 한다는 의무감 사이의 균열이다. 일련의 작품에 담긴 작가가 제주 살이를 감행하게 된 이유도 큰 틀에서 보면 그와 다르지 않다. 여자는 남자에게서 진정한 관계를 원하지만, 남자는 타자에 대한 수용이 불가능한 존재로 묘사된다.

'TV조선'이나 '리모컨' 같은 요소는 협소한 관심사와 자기중심적인 남성의 성향을 구체적으로 풍자하는 대목이다. 궁극적으로 이 관계는 가면을 벗은 여성의 각성으로 귀결된다. 남자에게서 진정한 사랑을 소유할 수 없다는 깨달음은 '스타티스'라는 꽃의 상징성과 만나며 "말려서라도 간직하고 싶은 사랑의 잔상"으로 완성된다.

〈얼굴 속의 비밀〉은 얼굴이라는 매개를 통해 유전적 계보와 자기 수용에 대해 성찰한 수필이다. 작가는 부모로부터 물려받은 외모의 장단점을 고백하면서도, 그

것이 삶의 본질과 어떻게 연결되어 있는지를 조심스럽게 탐색한다. '모나리자의 미소'라는 작가를 향한 지인의 말은 단지 칭찬이 아니라, 내면의 평화를 담은 상징이다. 얼굴은 단지 미적 대상이 아니라 인생의 서사적 기록이며, 표면과 심연이 교차하는 공간이다. 남편과의 첫 만남, 어머니의 얼굴에 담긴 인생의 농도는 결국 사랑의 표현이 얼굴을 통해 드러난다는 점에서 〈얼굴 속의 비밀〉은 얼굴이라는 또 하나의 거울을 통해 '자아와 타자의 화해'의 의미를 담고 있다.

결혼이라는 제도가 존재론적으로 어떤 의미인가를 묻는 〈부부 안식년〉에서는 공동체와 자유, 의무와 선택 사이의 균형을 철학적으로 재구성할 수 있는 가능성을 탐구한다. 〈너머 세상〉은 작가가 끓인 청국장에서 시작된 갈등을 거쳐 남편과의 소통에서 느낀 거리감을 토로하지만 그 감정의 끝에서 고독을 감당하는 성숙함으로 나아간다.

〈밤을 맞이하다〉에서는 단순한 시간의 흐름으로서의 밤이 아니라, 존재의 본질을 드러내는 시간으로써의 밤을 맞이한다.

세상의 이치를 안다고 자부한 나이에 찾아 든 밤은 길기만 했다. 밤마다 병마에 시달리는 어머님을 곁에 두고 많은 것을 비워내야만 했다. 그때처럼 날이 밝기만을 기다렸던 적이 내 생에 또 있었을까. 그런 날이 지나고 모두에게 안온한 밤이 찾아 왔을 때 나는 혼자였다. 몇 해 전부터 제주도에 살게 되었다. 이제는 밤에 손님처럼 찾아 든 고독을 내쫓고 싶지 않다. 있는 힘을 다해 밀어내기보단, 친구로 함께 가길 원한다.

조용히 책을 덮는다. 노트북의 전원 스위치를 누른다. 나는 사위어가는 캄캄한 암흑으로 접어들고 밤 한가운데 홀로 앉았다. 마음속에 있는 또 다른 나와 만나려 한다. 나는 지금 장편 소설의 주인공이다. 글 속에서 수많은 또 다른 내가 되어 울기도 하고, 웃기도 한다.

가장 진한 색의 밤이여, 어서 오라. 뜨거운 이성으로 맞아줄 테니.

- 〈밤을 맞이하다〉 중에서

인용 대목에서처럼 밤이 되면 타인의 시선과 기대에서 벗어난 진짜 '나'와 대면하게 되는 경험, 즉 고독 속에서의 자기회복이 이루어진다. 모든 것이 조용해진 그 시간 속에서 인간은 비로소 자신과 마주하게 된다. 작품

속 '밤'은 단순한 시간의 개념뿐만 아니라 존재론적 장소이다. 〈밤을 맞이하다〉에서의 밤과 고독은 부정적 이미지가 아니라 외로움을 친구로 받아들이는 철학적 사유의 장으로서 기능한다.

〈꽈리와 양파〉에서는 자매간의 정서적 연대를 바탕으로 정직하지 않은 글쓰기와 관계적 위장에서 벗어나려는 작가의 욕망을 드러낸다.

> 나는 화려한 글쟁이가 되고 싶다. 밖은 붉은 꽈리로, 안은 단단한 양파처럼 말이다. 사유의 세계를 자유로이 오가고 싶다는 생각에 머물자 이 또한 얼마나 부질없는 일이 아니던가. 글을 써야 한다는 마음으로 족해야 하거늘…. 내 안에 깃든 색을 우려낼 생각보다 인위적으로 만들고자 하니 어리석도다. 빈 꽈리에 생각이 차오르기를 사뭇 두 손을 모은다.
>
> – 〈꽈리와 양파〉 중에서

진실과 위선을 상징하는 꽈리와 양파라는 소재는 자매의 정체성과 관계의 역동을 드러내는 상징이다. 겉은 화려하지만 속은 텅 빈 꽈리, 겹겹이 껍질을 벗기다 눈물이 나는 양파는 모두 화자의 내면과 글쓰기의 진실성을 상징한다. 인간은 진실한 관계를 맺고 싶어 하지만, 동시에 스스로의 감정을 꾸미고 가린다. 이 모순은 글쓰기와 말하기에서도 예외가 아니다.

요양원에 모신 어머니, 그리고 그녀의 물건을 정리하는 동생 가족을 보며 느끼는 서운함과 미안함의 양가 감정에 사로잡히고 《거짓말, 거짓말》, 종갓집 며느리로서의 무게와 전통을 지키는 어른들과의 갈등《나는 왕이로소이다》으로 고민한다. 가난의 상징이었지만 아버지의 사랑이 스며든 비 오는 날의 수제비에 얽힌 유년의 기억을 소환하는가 하면《수제비를 끓이며》, 어머니의 마지막 모습과 평생의 고단한 삶을 '씨감자'라는 메타포로 설정한다. 어머니의 존재 의미를 새삼 되새긴 〈씨감자〉에서는 삶의 애환을 담은 가족 서사를 다루는 작가의 역량을 짐작할 수 있다.

삶에서의 외로움은 피해야 할 대상이기보다는, 마주 보고 걸어가야 할 동반자에 가깝다. 그것과의 공존은 때로 고통스럽고 불편하지만, 그 과정을 통해 우리는 진정한 자기 회복에 다가설 수 있기 때문이다. 삶의 균열 속에서 피어나는 침묵의 시간은 우리를 다시금 삶의 중심으로 이끈다. 외로움을 견디는 법을 배우는 것은 자신을 이해하고 받아들이는 법을 배우는 것이며, 이는 결국 더 깊고 단단한 삶의 기반이 된다. 그런 의미에서 《나리꽃은 잘 있나요》의 전반에 흐르는 외로움의 정서는 회복으로 향하는 여정의 시작이다.

서사와 서정을 능란하게 오가는 작가의 문체는 다정하면서도 날카로운 자기 성찰이 돋보인다. 일인칭 화자를 중심으로 구성된 회상과 독백, 대화를 통해 감정을 세밀하게 직조한다. 최연실 작가에게 글쓰기는 기억으로 쌓은 자아의 초상화이며, 삶의 풍경을 바라보는 작은 창이다. 특히 여성의 시선으로 삶의 굴곡을 품고 그것을 글로 해명하려는 자세는 여성 작가로서의 정체성과 문학적 실천 사이의 균형이 잘 드러난다.

5. 나가는 말

《나리꽃은 잘 있나요》를 관통하는 중심 테제thesis는 존재의 외로움이다. 이는 작가로 하여금 관계로부터의 탈피인가, 자기로의 귀환인가라는 본질적인 질문을 던지게 한다. 남편으로부터의 탈출이라는 삶의 전환점을 제주라는 물리적 공간으로 구현해냈지만, 그 여정이 감각적 해방에 머무르지 않고 철학적 자기반성으로 나아갔으면 하는 바람이다.

덧붙여 관계로 인한 억압이 자기 인식에 미친 영향에 대한 서술이 다소 피상적이라 할 수 있다. 나는 누구인가에 이르는 사유의 여정에서 제주 살이 이후의 자유가 단순한 고요한 삶이 아니라, 자신의 정체성에 이르는 존재론적 질문으로 확장되었다면 하는 아쉬움이 남는다. 진정한 자유는 타인과의 거리로만 완성되지 않는다. 그 자유의 공간에서 자기를 어떻게 정의하고, 고립과 자율 사이의 긴장을 어떻게 사유하느냐에 따라 글의 깊이는 달라지리라 생각한다.

그럼에도 불구하고 《나리꽃은 잘 있나요》에는 일상의 기록이나 자전적 서술에 머무르지 않았으며, 제도와 상상력 사이에서 존재의 진실을 탐색하는 여정을 담아냈다. AI에게서 위안을 얻으면서도 허위임을 인식하고, 상대에게서 기대를 갖지만 실망을 감수하며, 부부관계 속에서 균열을 체험하면서도 자신을 갱신한다. 이런 흔들림은 오히려 주체로서의 자신을 형성해 나가는 진솔한 과정이며, 그 과정 속에서 자유롭고 성찰적인 인간으로 거듭나고자 하는 의지가 깃들어 있다.

첫 번째 작품집 《나리꽃은 잘 있나요》로 미루어 볼 때 작가의 문학적 지평은 무한히 열려있음을 알 수 있다. 최연실 작가의 앞으로의 문학적 행보에 기대를 거는 이유다.

엄현옥
수필가. 문학평론가.
《수필과비평》 편집위원, 《The수필》 선정위원
수필집 《소금창고》, 《강호에 가자스라》 등 9권
평론집 《공감의 윤리학》 등 3권
《문학인신문》 부설 종로 창작 아카데미,
구로평생학습관 배움터 등 출강